好きです日本

―世界に誇れる国―

坂爪捷兵

まえがき ― 自らが誇りある日本人になる ―

プロ野球の世界で、投手なら投手として、また打者なら打者として活躍するだけでも凄いことなのに、その両方をやってのけている大谷翔平選手。

令和四（二〇二二）年もまた「二刀流」で活躍し、大リーグ記録を塗り替えたことは、どれだけ凄い選手かということが分かります。

成績だけではありません。大谷選手の振る舞いもまた好評価を受けています。

私は大谷選手の活躍を知るにつけ、日本人として、素直に嬉しく、また誇りに思います。

同じように、我がことのように喜び、誇りに思った日本人も少なくないはずです。

なぜなら、同じ国に生まれた同胞として、それがごく自然なことだと思うからです。

この「ごく自然」ということは、とても重要なことです。

理屈抜きで感じ合うことができるからです。

また誇りを持つことも、とても重要です。人は誇りを持つことで、誇りに恥じない生き方をしようと思うからです。

これは屁理屈ではなく、人として自然に抱く思いなのです。

それは命の繋がりをみたら分かります。

日本という国も、私達日本人も、突然この世に現れたのではなく、長い歴史を経て今があります。

私達のご先祖が一所懸命に育《はぐく》み育ててきたことが、日本の伝統や文化となって生き続け、それが日本人のＤＮＡとなって日本を作り上げ、私達は日本人として生きているのです。

日本の歴史を知ると、素直に自然に日本人に生まれて本当に良かったと思います。


ところが（詳しくは本文で述べますが）、昭和二十年八月以降の戦後教育によって、そうした歴史を教わらないで育った人達は、最近の表現を借りると——極端な言い方ですが——「今だけ、金だけ、自分だけ」の生き方になっていると思えてなりません。

一人の日本人として、私は日本がダメになることを黙って見ているわけにはいかないと思い、若い経営者を対象にした日本人の誇りを取り戻す「捷兵塾」を開催したり、ＳＮＳで発信したり、新聞に投稿したりしてきました。


願いはただ一つ、日本人自身が日本人としての誇りを取り戻し、日本を真の独立国家にすることです。

政治家も、マスコミも、教育も、地に落ちた感がある中で、私達は何ができるのか。

過去の歴史を見ても日本人は、国難を乗り越えてきました。そうした日本人の底力を信じて、まず自らが誇りある日本人になる。

その「一助となれば幸いなり」との思いで本書をまとめました。

国家の安全があってこそ、国民の安全があるのです。この当たり前のことができる国にしていきましょう。

令和四年十二月吉日

坂爪捷兵

目次

第二章　先人が守り続けてきてくれた日本

第四章　武士道にみる日本人の生き方

第七章　人の生き方の考察

第一章　素直な心で日本の国柄に接してみよう

神武天皇　絵：坂爪捷兵

国旗「日の丸」

国歌「君が代」

君が代は
千代に八千代に
さゞれ石の
いわおとなりて
こけのむすまで

国旗「日の丸」を見、国歌「君が代」を歌うと、私は日本人に生まれて本当に良かったと思います。ということで敬意をもって最初に取り上げました。その意味するところは、第二章　日本の国柄を象徴する国旗で紹介しています。

教育勅語が明らかにする日本人の生き方

「教育勅語」と言っても、現代の人はほとんど教えられていないと思います。しかし私は、日本人を日本人たらしめてきた大切な教えであると確信しています。

「教育勅語」は、明治二十三（一八九〇）年十月三十日に明治天皇の勅語として発布されました。読めば分かりますが、日本人として生きていく上で大切なことが書かれています。

ところが昭和二十三（一九四八）年六月十九日、ＧＨＱ（連合国軍最高司令官総司令部）により廃止されてしまいます。昭和二十年八月前までは、学校で習い子供達も普通に暗唱できるようになっていました。それがなぜ廃止されたのかは、第六章で述べています。

日本は明治維新で新しい国づくりが始まりました。西洋文明が一氣に入りこんできたことで、日本の伝統や文化、倫理観が失われてしまう状態が生じてきました。それを防止するためにつくられたのが教育勅語、正式には「教育ニ関スル勅語」がつくられたのです。

「作成の中核を担ったのは、明治天皇の御心を汲んだ、官僚井上毅《こわし》と天皇の側近元田永孚でした。そこでの狙いは、天皇と政治を切り離すこと、信仰の自由を妨げないこと、哲学上の理論に触れないこと、政治的な思惑を排除すること、不偏不党の教育方針を示すこと、消極的な言葉を使わないこと、宗派の争いを助長しないことです。

君主の言葉でありながら国民に押し付けるものではなく、宗教や政治に拘わらず誰でも受け入れら

れる内容となっています」（伊藤哲夫著『教育勅語の真実』致知出版社）

では教育勅語にどういうことが書かれているのか、原文を最初に紹介します。

教育勅語《きょういくちょくご》

朕《ちん》惟《おも》ふに　我《わ》が皇祖皇宗《こうそこうそう》　国《くに》を肇《はじ》むること
宏遠《こうえん》に　徳《とく》を樹《た》つること深厚《しんこう》なり　我《わ》が臣民《しんみん》
克《よ》く忠《ちゅう》に克《よ》く孝《こう》に　億兆心《おくちょうこころ》を一《いつ》にして　世世《よよ》
厥《そ》の美《び》を済《な》せるは　此《こ》れ我《わ》が国体《こくたい》の精華《せいか》にし
て教育《きょういく》の淵源《えんげん》亦《また》実《じつ》に此《ここ》に存《そん》す
爾臣民《なんじしんみん》　父母《ふぼ》に孝《こう》に兄弟《けいてい》に友《ゆう》に　夫婦《ふうふ》
相和《あいわ》し朋友《ほうゆう》相信《あいしん》じ　恭検《きょうけん》己《おの》れを持《じ》し
博愛衆《はくあいしゅう》に及《およ》ぼし学《がく》を修《おさ》め業《ぎょう》を習《なら》ひ　以《もっ》て知能《ちのう》
を啓発《けいはつ》し徳器《とっき》を成就《じょうじゅ》し　進《すすん》で公益《こうえき》を広《ひろ》め
世務《せいむ》を開《ひら》き　常《つね》に国憲《こっけん》を重《おもん》じ国法《こくほう》に遵《したが》ひ

一旦緩急《いったんかんきゅう》あれば義勇公《ぎゆうこう》に奉《ほう》じ　以《もっ》て天壌無窮《てんじょうむきゅう》
の皇運《こううん》を扶翼《ふよく》すべし　是《かく》の如《ごと》きは　独《ひと》り朕《ちん》が
忠良《ちゅうりょう》の臣民《しんみん》たるのみならず　又以《またもっ》て爾祖先《なんじそせん》
の遺風《いふう》を顕彰《けんしょう》するに足《た》らん

斯《こ》の道《みち》は　実《じつ》に我《わ》が皇祖皇宗《こうそこうそう》の遺訓《いくん》にして
子孫臣民《しそんしんみん》の倶《とも》に遵守《じゅんしゅ》すべき所《ところ》　之《これ》を古今《ここん》に
通《つう》じて謬《あらま》らず　之《これ》を中外《ちゅうがい》に施《ほどこ》して悖《もと》らず
朕爾臣民《ちんなんじしんみん》と倶《とも》に　拳々服膺《けんけんふくよう》して　咸其徳《みなそのとく》を
一《いつ》にせんことを庶幾《こいねが》ふ

明治二十三年十月三十日
御名《ぎょめい》　御璽《ぎょじ》

初めて見る人は、漢字が多く意味が分からないと思うかもしれません。でも一つ一つの言葉を見ていくと、大事な生き方が書かれていることがわかります。

大事なのは、難しそうと言って毛嫌いするのではなく、その内容を理解することです。

まず最初に、

「私達の祖先は、国の肇めから、道徳を重んじ、心を合わせて国と家庭のために心を合わせて尽くしてきました。今日《こんにち》までその成果をあげてこられたのは、わが日本の優れた国柄のおかげであり教育のおかげでもあります」

と、日本のあるべき姿と今日まで続いてきた有り難さが述べてあります。これを読んで私は、日本に生まれたことの有り難さを感じます。同時に日本人として先人に恥じない生き方をしよう、という思いが自然に湧いてきます。

では、どういう生き方をしていったらいいのか、ということが次に書かれています。

両親に感謝しましょう。兄弟姉妹仲良くしましょう。勉強に、仕事に励みましょう。法律を守りましょう。約束は守りましょう。国が危機に直面したら国を守るために尽力しましょう……。

それをまとめたのが教育勅語の「十二の徳目」です。

国民として、十二の徳目の実践に励む。これぞ日本人の生き方を表す言葉だと私は思います。

【教育勅語　十二の徳目】

1、父母《ふぼ》ニ孝《こう》ニ　　親孝行する

2、兄弟《けいてい》に友《ゆう》ニ　　兄弟・姉妹は仲良くする

3、夫婦相和《ふうふあいわ》シ　夫婦は互に和する
4、朋友相信《ほうゆうあいしん》シ　友とは互いに信じあう
5、恭儉己《きょうけんおのれ》レヲ持《じ》シ　謙遜であって言動を慎しむ
6、博愛衆《はくあいしゅう》ニ及《およ》ホシ　広く人に愛の手をさしのべる
7、學《がく》ヲ修《おさ》メ業《ぎょう》ヲ習《なら》ヒ　勉強に励み職業を身につける
8、智能《ちのう》ヲ啓発《けいはつ》シ　知識を養い才能を伸ばす
9、徳器《とくき》ヲ成就《じょうじゅ》シ　人格の向上につとめる
10、公益《こうえき》ヲ廣《ひろ》メ世務《せいむ》ヲ開《ひら》キ　公の心をもって広く世のため人のためになる仕事に励む
11、國法《こくほう》ニ遵《したが》ヒ　法律や規則を守り社会の秩序に従う
12、義勇公《ぎゆうこう》ニ奉《ほう》シ　正しい勇気をもって国のため真心を尽くす

戦後七十七年目の日本の現状を憂う

「教育勅語」が示すように、立派な日本人となって国づくりに励んできたはずなのに、私から見て最近の日本は元氣がありません。それは日本人自身が、日本人としての誇りを無くしているからだと考えています。

それには大きな理由があります。令和五（二〇二三）年は、戦後から数えて七十八年目になりますが、昭和二十（一九四五）年八月、日本は大東亜戦争に敗れＧＨＱによって占領統治されたからです。

占領統治された日本は、主権を失い自らの意思で国の経営ができなくなった。すなわち独立国でなくなったのです。これは国家としては屈辱です。

なぜこのことを取り上げたのかと言えば、戦後と言っても何のことやら分からない、そういう歴史があったということを知らない人が多くなっているからです。

戦後とは、昭和二十年八月、日本が大東亜戦争に敗れた後の世代を言います。日本は明治時代にも日清、日露の戦争を戦いましたが、その戦争が終わった後を、取り立てて戦後とは言いません。

なぜ大東亜戦争を戦った後だけを戦後というのか。それは、それまで日本人が持ち続けてきた生き方、考え方、価値観、教育などが否定され、日本人が日本人らしさを失ってしまったからです。

なぜそのようになってしまったのかは、第六章で述べていますが、結果として多くの日本人が――大きくまとめて言えば――日本に対する誇りを失ってしまったのです。

自分の国に誇りが持てないことは、非常に悲しく淋しいことです。

政治の体《てい》たらくも、その結果と言えます。国民の生命、財産を守るという最低限の役割さえも、本氣で果たそうとしているのか疑問です。

令和四（二〇二二）年二月二十四日、ロシアがウクライナへ武力攻撃を行い、それの終わりがなかなか見えない中、エネルギーや食料問題、物価の高騰などの話題を盛んにマスコミが取り上げていますが、最も重要な日本を守る話は「防衛費をGDP二％兆円に」と話は出ていますが、全く盛り上がりません。

生活が苦しくなるなど、国民生活に対していわば暗いニュースばかりが流され、国民の安全を確保する国家防衛の話は出てきません。

国家の安全に関しては、ロシアやウクライナ問題だけではありません。中国の覇権主義は、まさに脅威で、今のままでは日本が乗っ取られてしまうのではないかという工作が着々と進んでいます。親中派は政治家だけでなく、マスコミ、自治体、経済界、法曹界、教育界、科学者、弁護士などに沢山います。

日本人が日本を貶《おとし》めて、誰が得をするのでしょうか。外国勢力に加担して日本を潰してしまうだけです。

そんなことは、私は日本人として許せません。

と言って国を動かす政治的権力もない者としては、自分ができることをやるしかありません。会社を経営してきた者として、困難な時こそ自分の信念や誇りを強く持つことで、志を遂げることができると学んできました。

日本を守るためには、日本人が日本人として誇りを持たなければなりません。

日本も日本人も、本来は誇りある国であり、誇りある民族です。それは、日本の歴史真実を知れば分かります。

日本が潰れてしまえば、日本を守り続けてきてくれた先人に顔向けができません。そんな訳で、少しでも日本や日本人を感じる話を、今まで書いてきたものの中から取り上げていきたいと思います。

文章によって、ダブりのあるのはお許しください。

祝日二月十一日の「建国記念の日」の本来は「紀元節」

人の誕生を祝うように、国の誕生を祝うことは、国の歴史や国民としての意識を再認識したりする上でも非常に大切なことです。単純に休日になるから嬉しいでは、国の祝日にした意味がなくなってしまいます。

日本の場合、日本を占領統治したGHQが昭和二十三年に廃止するまで、現在の「建国記念の日」は「紀元節」として国の誕生を祝っていました。

その後、GHQによる統治が終わり日本が主権を回復した昭和二十七年四月二十八日から十四年後の昭和四十一年、ようやく二月十一日が祝日法で「建国記念の日」として制定されました。

なぜ二月十一日が祝日になったのでしょうか。

最近は、年代を表示する場合ほとんどが西暦になっています。

西暦とはキリスト誕生を境に紀元前（BC）と紀元後（AD）に分けられ、令和四年は西暦二〇二二年となります。

令和というのは元号で、平成、昭和、大正、明治というように、その時の天皇陛下の御代を表します（明治以降、一代、一元号となっています）。

日本には元号の他にもう一つ、皇紀〇〇年という言い方があります。

この皇紀は、日本国誕生の始まりを表し、令和四年は皇紀二六八二年となります。日本は、それだけ長い歴史をもっているということです。

なぜそれが分かるかというと、養老四年（皇紀一三八〇年、西暦七二〇年）に完成したと伝わる『日本書紀』に書いてあるからです。

実は、現在の建国記念日は明治七年から昭和二十三年に廃止になるまで、紀元節として国の大事な祝日でした。

なぜ国として大事な祝日かと言えば、神武天皇（第一代）が大和の国の畝傍《うねび》の橿原宮《かしはらのみや》において即位された日だからです。

『日本書紀』第三に「辛酉《かのととり》の年春正月庚辰《かのえたつ》の朔《ついたち》、天皇（神武天皇）橿原の宮において帝位に即《つ》きたまふ。この歳を天皇の元年となす」とあるのです。

春正月庚辰の朔というのは旧暦です。

日本は明治六年、世界の基準に合わせるということで、太陰暦（旧暦）から太陽暦（新暦）に変更しました。当然、旧暦と新暦では月日が違ってきます。

そこで明治七年、その年から二五三五年さかのぼった神武即位元年辛酉の年正月元旦を太陽暦に換算すると二月十一日となったので、その日を紀元節としてお祝いしてきたのです。

ちなみに二五三五年は、『日本書紀』に神武天皇即位は紀元前六六〇年とあるところからきています。

これを「神話だから科学的根拠がない」と否定する意見もありますが、日本の歴史は天皇陛下とともに歩み、しかも今も続いていることを考えると、この事実にこそ目を向けて大切にしていくのが自然ではないでしょうか。

「建国記念の日」では分からない日本誕生の意味が「紀元節」と呼ぶことで伝わってきます。

自分の誕生日を大切にするように、日本の誕生も大切にしましょう。

一系の天皇を戴く神国日本

日本という国家を考える場合、天皇陛下を抜きにして日本の国柄、日本人の精神性、日本人らしさなどを理解することはできません。

外国人から「日本とはどんな国ですか。一言でのべて下さい」と問われた時、どう答えたら日本の国柄を伝えることができるでしょうか。

この問いを言い換えると「日本を日本たらしめているもの」「日本の特性・個性」「日本にあって世界にないもの」とは何かということになるのではないでしょうか。

人間に個性があるように国家民族にも独特の個性があります。戦後のわが国は社会においても学校教育においてもこの最も重要な問いを顧みることなく放棄してきました。

その答は「世界最古最長の王朝・万世一系の天皇を戴く神国日本」です。世界に王朝を有する国は約三十、日本に次いで古いのはデンマーク王室、マルガレーテ二世が五十四代目として引き継いでいます。年数でいうと——歴史的にはっきりしていないようですが——十世紀の中頃から始まっていると言いますから、約千年余りとなります。

次に英国王室は、二〇二二年九月八日に没したエリザベス二世が三十八代目で、一〇六六年から始まっているそうなので、二〇二二年から差し引くと九五六年続いていることになります。

日本の天皇はどうでしょうか。神話の時代から今日まで少なくとも二千年間以上（『日本書紀』によれば令和四年・二〇二二年時点では二六八二年）断絶、交代、革命なく初代神武天皇より百二十六代今上天皇まで同一の血統が連綿として続いて来た「万世一系」の世界唯一の王朝です。

このことがいかに貴重であり稀有であり奇蹟的なことであり尊ぶべきことであるか、私たち日本人は深く考えてみなければなりません。

皇室の先祖をさか上ると神話にたどりつきます。皇祖は伊勢神宮に祭られる天照大御神です。つまりわが天皇は神話を起源とする世界唯一の王朝ということになります。これがいかに素晴らしいことであるか、戦後はこれを教えられてこなかったのです。

世界の王室の手本のように言われるイギリスは、清教徒革命（一六四九年）で国王を処刑し王制を廃止し一時共和制をとりました。デンマークもスペインもタイも共和制を経験しています。

現存する君主国で共和制を経験していない唯一の国が日本です。

かくのごとく外国の王朝は悉く歴史が浅く、断絶、交代、革命等を経験し、真に王室らしい歴史と尊厳さをもつ国はせいぜいイギリスとデンマークぐらいですが、それでもわが皇室とは比較にもなりません。

またわが皇室は、姓を持たぬ唯一の王朝です。外国の君主はみな姓を持っています。姓を持つということは、王朝が交代しているからです。

皇室が姓を持たないのは王朝が全く交代していないことと、天皇が国民全体を「一家」としてみていることを意味しています。

なぜわが国のみ王朝の断絶・交代・革命がなかったのでしょうか。これこそ国史最大の問い、最大の謎でなければなりません。

その理由を簡潔に述べるなら、歴代天皇が国民を一家におけるわが子とみなし「大御宝《おおみたから》」として限りない慈しみと愛情を注がれ、常に国家の隆昌と平安、国民の幸福安寧を切に願われる「国安かれ民安かれ」の祭祀を何よりも大切に重んぜられ、つとめられてこられたからです。

天皇とは国家の隆昌平安と国民の幸せを「祈る存在」なのです。天皇は全国民の「父母」として「赤子（子供）」たる国民の幸せをわが事として毎日祈られるご存在にほかなりません。

東日本大震災において天皇陛下（現在の上皇陛下）が皇后陛下（現在の上皇后陛下）とともに犠牲者、被害者のことを深く思いやられ各地を訪れ、心からご慰問なされたそのお姿に感銘を受けない日本人はいませんでした。

『日本書記』に「建国の詔」（建国の理念）が書いてあります。

「夫（それ）大人（ひじり）の制（のり）の義（ことわり）を立つ、必ず時のままにいやしくも、民（おほみたから）に利（くぼさ）有り、なんぞ聖（ひじり）の造（わざ）にたがはん……」

とあるように国民を「おほみたから」とし、国民のためになることが、聖のはたらきと記しています。

陛下の深厚なるみ心の底のあるものこそ「国安かれ民安かれ」のお祈りです。それは即席・その場限りのものではなく、陛下のご存位を貫く切実極まりなきまことの祈りであるからこそ、人々は陛下の深いみ心に感激感泣し真に慰められ癒され、落胆絶望から立ち上る希望と勇氣を奮い起こすことができるのです。

このように天皇と国民が心を寄せ合い信頼し合い真に一つの家族のような国家をつくり上げてきた国はほかにありません。

こうした世界に比類のない天皇、皇室を戴くわが国を日本人は「神の国・神国」あるいは神州、皇国と呼び深い誇りと悦びを抱いてきたのです。
最も尊貴なる至上至高の「生ける世界遺産」こそ、天皇を戴く日本国体であり、日本文明なのです。

神道・神話・神社を有する世界唯一の神の国（神国）

日本人本来の生き方、信仰、あるいは宗教といってもよいですが、それが神道です。神道とは祖先崇拝（祖先霊信仰）、天皇崇拝（皇祖霊信仰）、自然崇拝（自然霊信仰）の教えです。

自然崇拝から説明しましょう。

日本人は天地自然、山川草木、生きとし生けるもの全てが神の命の表現であり万物に霊魂（大和言葉で「みたま」「たましひ」という）が宿っていることを深く知り、天地自然の万物に対して畏敬の念を抱き篤く崇拝して神として斎《いつ》き祭ってきました。

天地自然の一切と人間を同根の存在として共に神の命のあらわれとする一体、共生、共存の観念により自然に親しむこと深く、花見を始めとする日本人独特の民族性、習慣を持ち続けてきました。

また自己の生命の元である親、祖先を崇拝し祖先の霊魂の守護により子孫が生かされていることを深く自覚し、ことに正月、盆、春秋の彼岸つまり春夏秋冬の節目に、祖先、身近な死者の霊魂をお祭りし、仏壇にご馳走をあげ、平生の守護に感謝し慰霊の誠を捧げることが日本人の生き方、生活の根幹でした。

祖先崇拝の元にある考えは「霊魂の不滅」です。人間は肉体は滅しても霊魂は永久に不滅であると日本人は信じてきました。霊魂が不滅であるから、日本人は国家社会の為に尽くした偉人を、神社を建てて神として祭ってきました。全国に約八万の神社があるわけですが、祖先、偉人を神として祭り続け、それを人々の生き方の根底におく民族はわが国のみです。

祖先崇拝をたどってゆけば必然的に日本の国を建てられたご先祖、皇祖への崇拝にゆきつきます。祖先崇拝は皇祖と歴代天皇、現時の天皇に対する崇拝、信仰に直結するのです。皇祖霊信仰、天皇崇拝こそ日本国民として最も大切な根本の道、「君臣の道」にほかなりません。

江戸期の高僧慈雲は、神道とは結局「君臣の大義のみ」と喝破しています。

古代においてはどこでも人々は自然崇拝、祖先崇拝の心性感情を有し、天地自然を神と見る多神教、汎神教《はんしんきょう》の世界に生きていました。

しかし一神教（ユダヤ教・キリスト教・イスラム教）の出現により多神教は次第に撲滅され、こうした心情は日本以外の国々において今日ほとんど消滅してしまっています。

古代においては、各地に神話（ギリシャ、ゲルマン、ローマ、ケルト等）があり、そこには多くの神々がいました。しかし一神教により諸外国は、神話の時代（多神教の時代）と現代が完全に断絶されてしまったのです。

わが国のみ神話の時代と現代が途切れずに繋がり、神話と古代の神々が今なお生き続けている世界稀有の神の国・神国なのです。識者はこう述べています。

「日本は神話の時代が今もなお続く世界でも唯一の先進国である。神道こそそして神社こそ日本文明の中核であり本質なのです。（渡部昇一氏）」

「日本は神を祭ることによって成り立っている国、神道に則《のっと》ることによって国が国であることを保っ

ている国」(菅野覚明氏)

「『神話に淵源を持つ』という点においても、言い換えれば『万世一系』という点においても世界唯一の君主、天皇」(中西輝政氏)

「日本だけが伝統的過去と断絶せずにつながっている。その象徴こそ建国以来連綿として続いてきた皇室のご存在」(オリヴィエ・ジェルマントマ氏)

「我々西洋人にとって神話と歴史との間は深い淵で隔てられています。それに対して最も心を打つ日本の魅力の一つは、神話も歴史もごく身近なものだという感じがすることなのです。伝説の時代と現代との感受性との間に生きた連続性が保たれているのだとわかります。今度は西洋の国が日本を学ぶ番なのです」(クロード・レヴィ＝ストロース)

昭和天皇陛下とマッカーサー

「自らの命を捨てて日本と国民を救った、奇跡の終戦秘話」

終戦直後、終戦とは言っていますが、敗戦です。軍隊の無条件降伏というのが正しいのですが、実態はまさに日本はまな板の上の鯉であり、アメリカを中心とする連合国家、更に終戦間際に参戦してきた火事場泥棒のソ連とで、いかように料理されようとも仕方のない状況でした。

もしかすると日本は、四つくらいに分断され、植民地化されていたかもしれません。

そうなれば、北海道はまるまる共産政権下のソ連のものとなっていたことでしょう。

「北海道はでっかいどう」などと言われることもなく、自由に旅行に訪れることもできない地になっていたことでしょう。

しかしなぜか日本は、そうはなりませんでした。この事実は、日本人として知るべきことなのに、いろんな思想や思惑の人達に遮《さえぎ》られて、一般常識であるべきこの事実を、知る人ぞ知る段階で留められてきてしまったことは悲しいことです。

何が日本の命運を分けたのでしょうか。その秘密が分かるエピソードです。


「……（終戦時において）陛下に対する占領軍としての料理の仕方は、四つありました。

一つ目は、東京裁判に引き出し、これを絞首刑にする。

二つ目は、共産党をおだてあげ、人民裁判の名においてこれを血祭りにあげる。

三つ目は、中国へ亡命させて中国で殺す。

四つ目は、闇から闇へ、一服もることによって陛下を葬り去ることでありました。

いずれにしても、陛下は殺される運命にあったのです。

天皇は馬鹿か、氣狂いか、偉大なる聖者か、いつでも捕まえられる。かつては一万八〇〇〇人の近衛師団に守られたかもしれないが、今や全くの護衛を持たずして、二重橋の向こうにいる。ということです。

……陛下の割腹自刃の計画は、三度ありました。

貞明皇太后様は、（侍従に）陛下から目を離さんように命じました。

じつに一番悩まれたのは、陛下でありましたでしょう。

昭和二十年九月二十七日、陛下がただ一人の通訳を連れて、マッカーサーの前に立たれたことは、皆様方もよくご承知の通りであります。ついに天皇を捕まえるべき時が来た。

マッカーサーは、二個師団の兵力の待機を命じました。

マッカーサーは、陛下は当然命乞いに来られたものと、傲慢不遜にもマドロスパイプを口にくわえ、ソファーから立とうともしなかった。

陛下は直立不動のままで、国際儀礼としてのご挨拶を終え、こう言われました。

『日本国天皇はこの私であります。戦争に関する一切の責任はこの私にあります。私の命においてすべてが行なわれました限り、日本にはただ一人の戦犯もおりません。絞首刑はもちろんのこと、いかなる極刑に処されても、いつでも応ずるだけの覚悟はあります』

――弱ったのは通訳でした。その通り訳していいのか――しかし陛下は続けられた。

『しかしながら、罪なき八〇〇〇万人の国民が、住むに家なく、着るに衣なく、食べるに食なき姿において、まさに深憂に耐えんものがあります。温かき閣下のご配慮を持ちまして、国民たちの衣食住の点のみにご高配を賜りますように』

天皇は、やれ軍閥が悪い、やれ財界が悪いという中で、一切の責任はこの私にあります、絞首刑はもちろんのこと、いかなる極刑に処せられても……と淡々として申された。

このような態度を見せられたのは、われらが天皇ただ一人であったのです（戦いに敗れた世界の指導者は、必ず自分の命乞いをしてきたのです）。

――陛下は、日本国民を裏切らなかった――。

マッカーサーは驚いて、スクッと立ち上がり、今度は陛下を抱くようにして座らせました。そして部下に、『陛下は興奮しておいでのようだから、コーヒーをさしあげるように』と。

マッカーサーは、今度は一臣下のごとく直立不動で陛下の前に立ち、

『天皇とはこのようなものでありましたか！　天皇とはこのようなものでありましたか！　私も、日本人に生まれたかったです。陛下、ご不自由でございましょう。私に出来ますることがあれば、何なりとお申しつけ下さい』と。

陛下は、再びスクッと立たれ、涙をポロポロと流し、

『命をかけて、閣下のお袖にすがっております。この私に何の望みがありましょうか。重ねて国民の衣食住の点のみにご高配を賜りますように』と。

そののちマッカーサーは、陛下を玄関（ホール）まで伴い、見送ったのです。


皆様方、日本は八〇〇〇万人と言いました。どう計算しても八〇〇〇万はおらなかったでしょう。いかがです？

一億の民から朝鮮半島と台湾、樺太をはじめ、すべてを差し引いて、どうして八〇〇〇万でしょうか。じつは六六〇〇万人しかいなかったのです。

それをあえて、マッカーサーは、八〇〇〇万として食糧をごまかして取ってくれました。

つまりマッカーサーは、いわゆる、陛下のご人徳にふれたのです。

米国大統領からは、『日本に一〇〇〇万の餓死者を出すべし』とマッカーサーに命令が来ておったのです。

ただ一言、マッカーサーは、『陛下は磁石だ。私の心を吸いつけた』と言いました。

彼は陛下のために、食糧放出を八〇〇〇万人の計算で出してくれました。それが後で、ばれてしまいます。彼が解任された最大の理由はそれであったというのが、事の真相です。

あの戦争は昭和天皇でさえ止められない程、巨大な力がうごめいていました。憎むべきは昭和天皇でなく、アメリカでもなく、軍部でもありません。人の際限なき欲望なのです。

ただ、現在日本国で日本人が生活できているのは先人達のおかげだということは素直に感謝し誇りに思います。この出来事は決して遠い昔の話ではありませんでした。

だから考えさせられます。

日本人が有能だからではなく、働き者だからではなく、もちろんそれもあるのですが、日本が今あるのは、亡き昭和天皇というたった一人の人の、自らを犠牲にしても国民を生かそうとする無私無欲の切実な思い……。

それがマッカーサーを心の底から感動させたのでした。

そしてマッカーサーという人との出会いが、日本の行く末を変えたのですね。

そうでなかったら、今の日本が、北朝鮮以下の生活をしていたとしてもおかしくはなかったのです。少なくとも、アジアの他の貧しい国々よりも貧しくても何の不思議もなかったということでしょう。」

「マッカーサー会談の時の通訳バワーズ少佐の証言」より

奇蹟の天皇　外国人が見た伝統の国・日本

昭和四十三年に「ロンドン・タイムズ（ザ・タイムズ）」の東京支局長として三島由紀夫に初取材して以来、日本の本質を探究してきた敏腕ジャーナリスト、ヘンリー・スコット＝ストークス氏が語る、日本とは、天皇とは——

日本では、神話がいまも生きている

多くの日本人が氣づかない、日本の奇蹟がある。天皇は、天照大神の末裔とされている。日本では、二十一世紀のいまも神話が生きている。神話は、終わっていないのだ。

我々は、日本では神話の中の登場人物であり、神話の中の出来事を、いま体験しているのだ。そんなことは、日本と縁がないとできない。日本とつながった時、我々は、神話の中の登場人物になる。

天皇と皇統について、私は何本もの記事を書いた。入江相政侍従長とも親しくなり、昭和天皇の逸話も、いろいろ伺った。また、三島由紀夫からは、現人神・天皇について学んだ。昭和天皇が崩御された時には、堤清二、児玉誉志夫と私の三人は、「なぜ天皇は、人間となりたまひし」という『英霊の声』の一句を繰り返し叫んだ。

天皇は人であると同時に、神性を持った神聖なるご存在である。現人神なのだ。人間的な側面と、神聖なる側面は矛盾しない。現人神は人であると同時に、神性を持った存在を意味するのだ。

一九四六年元旦の詔勅《しょうちょく》は、「天皇の人間宣言」とされているが、いったい誰がそのような「題目」

をつけたのか。昭和天皇は、この詔勅で『人間宣言』などされていない。天皇というご存在の本質に、戦前・戦中と戦後とで、何も変わることはない。

むしろ、「天皇は神だと称し、日本民族は他の民族に優越するので世界を支配する運命を持っている」というような連合軍の「架空の概念」を、否定したものだった。

守るべきものとは何か

三島由紀夫を追悼するために毎年開催されている『憂国忌』も、平成二十七年は三島生誕九〇年、没後四五年の節目となった。私は、次のメッセージを寄せた。

《私は三島さんに、申し訳なく思っている。自決の前に、「この世の終わりのように感じる」と、手紙を受け取っていながら、三島さんの心を、読めなかった。あの日から、四十五年。私は、いま、三島さんが訴えていたことは、正しかったと、そう思う。》

「建軍の本義」とは、「いったい何を守るための軍隊か」ということだ。石原慎太郎は、「フリーダム」、自由だと言った。三島さんは、「三種の神器だ」と答えた。「建軍の本義」は、世界に比類なき、万世一系の天皇の皇統を、守り抜くことだと、そう三島さんは訴えた。

昨年十二月二十五日に、私は、『世界に比類なき日本文化』という本を、外交評論家の加瀬英明さんと共著で、祥伝社から上梓した。天皇を戴く日本という国の、なんとすばらしいことか。

英語で言う「コンスティテューション」＝憲法とは、「国体」という意味だ。占領憲法は、世界で最も古いダイナスティが歴史を経て連綿とかたちづくってきた「国体」を、内包しているだろうか。

日本の国家元首は誰か

なぜ、日本国憲法には国家元首が明記されていないのか。なぜ軍隊を持たないと宣言しているのか。国家元首と軍隊を欠いては独立主権国家は成り立たない。自明のことだ。

私は、マッカーサー、或いはアメリカ国務省の本音とは、日本の保護領化だったと思う。自治権を与えても、国家としての完全たる独立は、認めないということだ。カナダとオーストラリアは、首相が自治を行っている。しかし、デ・ファクト、事実上両国の国家元首は、女王陛下である。

最近私は、日本国憲法に書かれていない、暗黙の日本の国家元首は、アメリカ大統領なのではないか——そう思うことがある。きっと、皆さんは憤慨されることだろう。きっと、私の妄想だろう。そうあって欲しい。しかし、独立主権国家ならば、国家元首がいなければならない。その国家主権を守る軍隊がなければならない。

日本の国家元首は誰か？ 当たり前だが、それは安倍さん（当時）ではない。三島さんは、命を賭して、その問題提起をした。我々は、いま、その問題提起を厳粛に受け止める秋を迎えている。

私は、三島さんのように自決はしない。ただ残された時間で、命がけで、三島さんに託された思いを、「目覚めよ、日本」と、訴えてゆきたい。日本人を信じて！ きっと、由紀夫も、そんな私を、友人として許してくれると、そう思っている。

天皇の存在

天皇が存在する限り、日本は存在する。天皇を失えば、日本は日本でなくなる。平成二十九年（西暦二〇一七年）は皇紀で言えば、二六七七年である。

世界史を鳥瞰《ちょうかん》してみると、様々な文明や国家が、勃興し、発展し、そして滅びていった。その世界史の中にあって、ひとつの王朝が、二千年以上の長い年月、続いてきたことは、奇蹟としかいいようがない。それは、人間業を超えている。私は、その奇蹟に、神の臨在を感じる。天皇というご存在は、日本の宝である。と同時に、世界の宝である。生きた宝であり、それは神話からずっと繋がることで神性を宿し、二十一世紀の現代世界に燦然と輝きを放っている。神話と二十一世紀を、生きながら結ぶ、世界最長の一系の「祭祀王」、天皇のご存在を抜きにして、私は日本文化について語ることはできないと思うのだ。

元「ザ・タイムズ」「ニューヨーク・タイムズ」東京支局長

「翻訳／藤田裕行」

天皇は世界の平和、国家国民の弥栄と安寧を祈られる「祭り主」

ヘンリー・スコット＝ストークス氏（二〇二三年四月没）の言葉は、日本人が噛みしめなければばならない、本当に大切なことばかりです。

素直に日本の歴史に触れると、ストークス氏のように感じられるのではないでしょうか。日本人の感性として、あらゆるものの中に神のみたま（神霊）があるとみます。ですから日本は一神教とは違い、百万《やおよろず》の神々がおられるのです。

人も、死ねば神様です。そして先祖を遠く遠く遡《さかのぼ》れば、私達一人一人が神の御霊を受け継ぐ神の子孫であると日本人は考えてきました。

天皇はその中心として神の子孫としてみたま（神霊）を引き継いでおられる。そして私達はその広がりである国民（おおみたから・くにたみ）として生を受けていると捉えれば、天皇家は私達の総本家ということになります。

その意味は非常に重要です。

権力を傘に国民を支配する王とは違い、祭主として中心に在られる、国民と共にあるという君民一体の精神がそこから生まれます。

日本の天皇は「祭り主」として（「権威」的）存在しておられるのです。決して国民との対立関係はありません。どんな強い権力者が出てきても、権威の存在としての天皇はなくならなかった。そこが重要な点です。

天皇は絶対無私、常に世界の平和、国家の弥栄《いやさか》、国民の安寧《あんねい》を祈られるご存在なのです。

また国民同士も、お互いに神のみたま（神霊）が宿っていることを認めることで、お互いを尊重しあう心が芽生える。

それが日本人の心です。

お互いを尊重しあう心が芽生えることで、家族愛、会社への帰属意識、国を愛する心、共同体意識なども生まれます。このことを、多くの日本人に知って欲しいと願っています。

神話から肇《はじま》る日本独特の世界観

自分の人生を振り返ってみると、本当に「人生山あり谷あり」であり「人生いろいろ」です。それが「坂爪捷兵」という人間を創ってきたと思っています。

それと同じように「日本」も「山あり谷あり」いろいろな道を歩みながら現在の国を形成してきたのです。

前述したように、「日本」は神話の世界から肇《はじま》っています。これが日本独特の世界観、日本人を創り上げてきました。

これが昭和二十（一九四五）年十二月十五日にＧＨＱ（連合国軍最高司令官総司令部）から出された神道指令《しんとうしれい》によって――この独特の世界観は軍国主義だと勝手に決めつけられ――政府、マスコミ、教育界などの公の場から消されてきました。

しかし日本を語るうえで、神話から肇る日本独特の世界観を知らなければ、もはやそれは日本を学ぶことにはなりません。

なぜか。

日本人は、全てのものに神（仏）のいのちが宿り、皆いのちにおいて分け隔てなく、お互いを尊い存在として認める生き方をしてきたからです。

そこに対立はなく、他者との一体感、例えば天皇と国民、国家と国民とは根底では繋がっているという感覚を持っているのです。

ここで一番強調したいことは、我々は一人の人間として生きているわけですが、同時に日本人なら日本国民として生きているのであり、個人としての存在と国民としての存在は別々ではなく、一体であるということです。

この感覚が、日本人独特の世界観です。

自分は国民として国家を大切にする。というのは、世界共通の考えだと思います。なぜなら、それがなければ国家のまとまりがつかなくなるからです。

日本人は、それにプラスして個人と国民は一体であるという感覚をずっと持ち合わせていたのです。

分かり易く説明します。

私は「坂爪捷兵」です。

では、坂爪捷兵はどういう存在かと言えば、一人の人間であり、同時に日本の国民ということです。

坂爪捷兵から、その存在を示す人間と国民を分けることはできません。どちらも同時に存在して生きているのが坂爪捷兵なのです。

国民とは、国家を形成している一員です。であるなら、国家の一員として国を愛するのはごく自然だと思いませんか。

愛があればこそ恋人に喜ぶことをしてあげたい、役に立ちたいと思うのはごく自然であり当たり前であると同じことです。

なぜこのようなことをわざわざ言っているかというと、日本全体があまりにも個人優先主義に陥《おちい》っているからです。さらに悪いのは、それをマスコミが煽っていることです。

個人の要求は否定しませんが、国民が国民意識を忘れては国家が成り立たなくなります。まして国家の防衛などできるわけがありません。

日本を愛するがゆえに、私はそれが心配で、心配でならないのです。

「まえがき」で私は、「今だけ、金だけ、自分だけ」と書きました。これこそが自分と国家との繋がりを失った結果です。

だからこそ、戦後失われた日本の歴史や日本人の生き方を学び、日本人を感じて欲しいと願い本書をまとめているのです。

第二章　日本の国柄を象徴する国旗、国歌

谷口博昭

誇りを持って祝日には国旗を掲揚しましょう

生命の第一は太陽です。我が祖先は太陽が本《もと》ということから、日の本という言葉が生まれ、日本という国名になりました。太陽のように、丸く、明るく、豊かに、元氣に生きる、これが正しい日本人です。

農耕民族日本は、自然を尊び太陽の恵みに感謝しながら生活してきました。私達は太陽に生かされているのです。ですから私達の祖先は初日の出に手を合わせ、朝日に手を合わせ、夕日に手を合わせ、太陽の神に感謝してきました。

また私達日本人は、自然に神の命を感じ大切にしてきました。その証拠に山には神様がいて、大きな杉の木にしめ縄をめぐらせ、自然が私達の命の本源であることを感じていたからこそ、自然を尊び今日まで守り続けてきたのです。

国旗「日の丸」は、そうした日本の自然観をも表しています。

これほどシンプルで存在感のある国旗は、他には見当たりません。

世界の子供達に太陽の絵を描かせると殆どの子供達は黄色か白を塗ります。

日本人の子供は全員という程真っ赤に塗ります。まっかっかの「かっか」は「かかさん」になり、更に「お」をつけて「お母さん」になり、夫は妻を「お神さん」と呼びます。母は太陽であり神様でもある訳です。

宇宙の中心は、太陽（日の丸）であり、人間の命のもとも母です。だとすれば「お父さん」という言葉は一体どこから来たのだろうか。

男は外で命をかけて狩をし、獲物を捕り、田畑を耕し、食物を取り、生活の糧を生み出してくれる「尊いお方」であるということから「とっと」になり、それが変化して「おとう」、「お父さん」と呼ぶようになりました。

私達日本人は、家庭で母を太陽と呼び、父を尊いお方と呼び合って、日本の心棒をつくってきたのです。パパ・ママなどという言葉は、日本文化には、存在しません。

このように日本は、八百万《やおよろず》の神がおられる神の国、そして天皇陛下を頂いて一二六代、令和五年で皇紀二六八三年の歴史を持つ国が、国連加盟国は一九三ありますが、日本のような国が有りうるでしょうか。

日本は断トツの一位です。

その日本を象徴するのが国旗「日の丸」です。

国民こぞって、誇りを持って祝日には国旗を掲揚しましょう。

「日の丸」が日本の国旗になった歴史

国際的に国旗・国歌を大切にするのは常識

国旗が掲揚され、国歌が演奏される時、私たちはどういう姿勢をとるでしょうか。

世界中ほとんどの国では国旗の掲揚、国歌の吹奏（斉唱）の際には、誰もが起立して姿勢を正し敬意を表します。

もちろん、自分の国の国旗・国歌に対してだけでなく、外国の国旗・国歌にも同じように敬意を表わすのが普通です。

一方、私たちの日本ではどうでしょうか。

残念ながら、日本の国旗・国歌に対して敬意を表わす人はあまり見かけません。まして、外国の国旗や国歌にはほとんど関心がないというのが実情ではないでしょうか。

それればかりか、学校の入学式・卒業式で国旗掲揚・国歌斉唱が義務付けられたことに対して、一部に「掲揚させない」「歌わせない」などという人達がいて問題となっているほどです。

世界中のほとんどの国で常識とされていることが、日本では常識ではないのです。

つまり国旗と国歌については、世界の中で日本は実に不思議な国だと言わなければなりません。自分の国の国旗を掲揚し、国歌を歌う、これは国民として当然のことです。

また、国旗・国歌を大切にする。これは国際人として基本的な条件です。

それでは、私たちにとって国旗・国歌とはどういう存在なのでしょうか。また国旗・日の丸、国歌・君が代は何を意味するのでしょうか。

世界の中の「日の丸」

「白地にあかく　日の丸染めて　ああ美しい　日本の旗は」

この短い言葉だけで、旗の形も色も、あるいは赤い丸が太陽を型取ったものだということまで、はっきりと思い描くことができます。

実に簡素で美しい旗です。

このすばらしい旗が、私たちの国旗・日の丸です。うれしい時も、悲しいときも、日の丸は日本人とともにありました。平和な時も戦争の時代も、日本を代表する国旗は日の丸でした。日本人の喜びも悲しみも、誇りも、この日の丸に込められてきたと言えるでしょう。世界は激しく変化しています。私たちは、どんな願いを、美しい旗・日の丸に込めるのでしょうか

国旗は国を代表する旗

日の丸は日本を代表しています。

国連に加盟している国は二〇二二年現在で一九三カ国ありますが、国旗のない国は一つとしてありません。アメリカやロシアといった大きな国からモナコやリヒテンシュタインといった小さな国まで、また古い歴史のある国から二〇一一年に独立した東スーダンまで、国旗がない国は一つとしてありません。

国旗は、その国のシンボルだからです。

例えば日本に駐在する外国大使館は、必ず自分の国の国旗を掲げます。それは、その国を代表する外交使節であることを表しているわけです。

また、必ず外国で行動する船舶には国旗が掲げられ、航空機には国旗が描かれています。

このように国旗は国際社会の中で非常に重要な存在なのです。

そのため、国際法では、国旗は尊重されなければならないこと、また保護されねばならないことが定められています。

国旗は国の個性

国旗は〝国のシンボル〟ですが、しかし、ある国を他の国と見分けるためだけの、単なる「国の標識」ではありません。国旗にはもっと深い意味があります。

どの国旗も、それぞれの国の成り立ちや歴史、伝統、宗教、文化の中から生まれ、建国の理想や国民全体に共通する願いなどが込められているからです。

例えば、国の成り立ちをそのまま表している国旗があります。

中でも、横の帯が独立当時の十三州を表し、その後、州が増える毎に左上部の星の数をふやしてきた米国国旗「星条旗」が有名です。

イギリスから独立する以前は「大陸旗」と呼ばれ、現在五十の星がある部分にはイギリス国旗が付けられていました。しかし、独立戦争の中でイギリス国旗の部分が星（当時は十三星）に変わり、現在に至っています。

同じようにイギリスの国旗もイギリスの成り立ちをそのまま表しています。この旗は最初、セント・ジョージの旗といわれ、一二七七年イングランドの国旗として使われたのが最初でした。その当時は、白地に赤い十字の旗でした。

ところが、一六〇三年、このセント・ジョージの旗にスコットランド王がイングランド王を兼ねることとなり、このセント・アンドリューの旗（青地に白の×型十字）が組み合わされ、最初の連合王国の旗ができます。

更に一八〇〇年アイルランドが合併されて、アイルランドのセント・パトリックの旗（白地に赤の×型十字）がそれまでの旗に組み合わされ、今日のイギリス国旗を「ユニオン・ジャック」と呼びますが、それは組み合わさった旗という意味です。

色・デザインにこめられた願い

宗教的伝統を国旗に表現した国も多くあります。

例えば、ヨーロッパの国に多く見られる十字の印はキリスト教を表わしています。

また中近東・アフリカの国によく見られる三日月はイスラム教のシンボルです。

つまり、国旗の色、線や模様、飾り、それらの位置や大きさ、それらは一つとして意味のないものはなく、それぞれに深い意味と願いが込められているということです。

このように、国旗を仰ぎみる時、私たちは長い歴史や建国の理想を、また自然に恵まれた祖国を、古い文化や宗教への誇りを心に思い描くことができるのです。

まさに国旗は国民にとっての誇りであり、名誉であり、それ故に、どの国も自国の国旗を大切にしているのです。

アメリカ人のヘンリー・ビーチャー（『アンクル・トムの小屋』の作者・ストー夫人の弟で奴隷開放運動につくした人）はこう言っています。

「国旗を見るとき、思慮深い人は旗ではなくその国を見る。

旗の象徴やしるしがなんであろうとも、主としてその旗に込められた政治、信条、真理、歴史を読み取る」と。

国旗に敬意を払うということは、まさにその国そのものにたいして「敬意をはらうことだ」と言ってもいいでしょう。国際化時代を迎えた今日、自国の国旗を敬愛することはもちろん、他国の国旗を相互に尊重し合う精神が必要不可欠であると言わなければなりません。

日の丸はこうして生まれた

では、わたしたち日本の国旗・日の丸はどのようにして生まれたのでしょうか。

日の丸が日本を代表する旗となったのは、いまから約一五五年前の幕末のことです。日本が近代の国際社会に参加した時、日本を代表する旗として登場したのが日の丸だったのです。

当時、外国が日本に国交を求めて頻繁に日本に来航し、外国船と日本の船とを識別することが必要になっていました。

そこで薩摩藩主・島津斉彬《なりあきら》が幕府に建議し、幕府はこれを入れて安政元（一八五四）年「異国船に紛れざるよう日本総船印は白地に日の丸幟」と定めました。

日の丸が日本を代表するようになった始まりです。

アメリカのペリー艦隊が来航した翌年のことでした。

幕末、太平洋を渡った日の丸

この日の丸が五年後の安政六（一八五九）年一月、「織」から旗へ、そして「総船印」から「御国総標」へと改正され、いわゆる国旗として扱われるようになりました。

その年、「遣米使節団」が日米修好通商条約の批准書交換のため米国に渡りましたが、その際、国旗として日の丸を揚げ、米国民は日の丸と星条旗を揚げて使節団を歓迎し、批准書交換に当たっては友好親善の証として国旗の交換も行われました。初めて国旗・日の丸が国際的に承認されたわけです。

これが明治維新後も引き継がれ、明治三年、明治新政府は太政官布告第五十七号を布告し、今日の日の丸の体裁が定められました。

こうして、日本国内はもちろん海外でも日の丸が日本の国旗として翻ることとなりました。

国旗・日の丸の登場

日の丸は、近代日本誕生のシンボルでした。

「日出ずる国のシンボル」

さて、日本が幕末の国際社会に登場するに当って、日本を代表する旗として日の丸を選んだことは大変重要な決定でした。では、なぜ日の丸だったのでしょうか。

ここで注目しなければならないのは、当時新たなデザインが考えられたわけではなく、その時既に日本を代表するとすれば日の丸しかないと考えられていたことです。

日の丸が歴史に登場するのは、今から約一三〇〇年前、大宝元（七〇一）年、文武天皇の時代のこと、朝廷の正月元旦の行事でもちいられた「日像」が起源だとされています。

もっとも、日本人の祖先が天照大神をおまつりし、自分の国を「日出ずる国」と称したことからも分かるように、太陽を表した日の丸は古代から日本人の心の中にあった、と言ってもいいでしょう。

日の丸に彩られた歴史

太陽をシンボライズした日の丸は日本人にとって、極めて〝自然なしるし〟でした。ですから、日の丸は古くから日本の歴史に数多く登場します。

例えば、『平家物語』には、屋島の合戦で、源氏方の弓の名手・那須与一が平家の女房の差し出した「皆　紅に日出だしたる扇」の要を射る場面が描かれています。

その後、今日の日の丸の原型に当るとされる白地に日の丸が登場します。

それは今からおよそ六〇〇年前の南北朝時代のこと、後醍醐天皇が吉野の笠置山に行幸された時の日の丸で、『太平記』にその様子が描かれています。

この日の丸は今日も保存されていて、縦に長く赤い丸が少し小さい他は、今日の日の丸とほぼ同じ形をしています。

戦国時代になると、上杉謙信、武田信玄、伊達政宗などの武将が日の丸を旗指物として多くもちい、また、豊臣秀吉の時代から徳川時代の初め、東南アジアと貿易した朱印船にも掲げられるようになります。日の丸こそ日本の国旗、つまり日の丸は長い間日本人に親しまれていた旗であると言えます。

その意味で、明治の初めに国旗を日の丸としたのは、太陽に対する日本人の特別な思い、そして日の丸の長い歴史を踏まえたものと言うことができます。

実際、幕末に国旗・日の丸のもとになる「日本総船印」が決定される際、幕府の高官が源氏を表わす中黒（白地に黒の横一文字）という旗を推薦したのに対して、当時の水戸藩主・徳川斉昭が〝長い間日本人が用いてきた日の丸こそ日本を代表するに相応しい〟と反論し「日の丸」採用を決定付けた文書が残っています。

日の丸は、まさに日本人、日本の歴史と切っても切り離せない旗なのです。日本の国旗は日の丸の他には考えられないと言わねばなりません。

「日の丸」は実に綺麗に見え「君が代」は美しく聞えた

山下泰裕（ロス五輪柔道無差別級優勝）

スポーツの国際試合では、日の丸は欠かせません。ロス・オリンピックで「ジャパーン、山下」と言われたとき、日の丸の小旗がたくさん振られました。それを見てこんなにも日本人が日系人が応援にきてくれているのかと思って、非常に感激しました。

あとで分かったことですが、全部が日本人ではなくて、外国の観客も選手も一緒になって、日の丸の旗を振ってくれたのです。

振られた日の丸の旗は、日本から持っていったものでした。応援団の人はそれをどの国の人にも配ったわけです。

旗の中には、私の田舎、熊本県上益城郡矢部町の老人ホームのおじいさんおばあさんが、試合のためにと一所懸命作ってくれたものがかなりはいっていたのです。そのことを知った時、何ともいえない氣持ちになり、もう、ただただ感激しました。

優勝して表彰台に立った時は、日の丸が上り始めてから君が代が終わるまで、日の丸の一点をじっと見続けていました。

心の中では、「ああ、俺は世界一幸せな男だ……」という氣持で一杯になっていたのです。ゆっくり上がっていく日の丸は、実に綺麗に見え、君が代は美しく聞えました。

（「世論時報」昭和六十一年八月号より）

「君が代」に歴史あり　その意味を知ろう

国歌「君が代」

君が代は
千代に八千代に
さゞれ石の
いわおとなりて
こけのむすまで

「君が代」は天皇崇拝の軍国主義賛美の歌だと言う人がいますが、それは歴史を無視した全くの偏見です。いまから千年以上もの歴史のある歌です。よくもまあ、軍国主義の歌だとか、デタラメなことを言えたものです。

『古今和歌集』に納められている「君が代」

「君が代」の文字としての初出は、平安時代初期の延喜五（九〇五）年です。この年に編纂された『古今和歌集』巻七に、「賀歌」の代表作として納められています。

『古今和歌集』は、醍醐天皇の勅命によって編纂された勅撰和歌集です。いまでいったら日本政府そのものが編纂した公的歌集で、万葉の時代から撰者たちの時代までの一四〇年間の代表的作品を集めたものです。

序文はカナで書かれていて、その執筆者は紀貫之《きのつらゆき》です。その中に「読み人知らず」として「君が代」が掲載されているということは、すでにこの時点で多くの人に愛された歌だったことを示しています。

後年に書かれた『枕草子』によると、平安貴族たちにとって『古今和歌集』の暗唱は、常識だったのだそうで、その中で、お祝いの歌の代表作として紹介されたのが、「君が代」です。

つまり「君が代」は、貴族たちの慶賀の歌としても、常識歌だったわけです。それだけではありません。

「君が代」は、その後に編纂された『新撰和歌集』や『和漢朗詠集』にも転載されています。つまり、そうしなければならないほど、千年もの昔から多くの人々に愛された歌であったということです。ではなぜ「君が代」は、そんなに素晴らしい歌とされたのでしょうか。

理由のひとつに「君《きみ》」があります。

「君が代」の「君」について

「君」は君主をあらわすという人がいますが、それは間違いです。

漢字の「君」は、「口」ヘンと「尹（イン）」を組み合わせた文字ですが、「尹（イン）は、「手」に「｜」（つえ）を持っている姿です。これは「聖職者」をあらわします。「口」は、その聖職者が口を開けて、何かを説いている姿です。

つまり「君」という字は、会意形成文字で、高貴な人をあらわす文字です。読みは「クン」です。「君主《クンシュ》」となると「高貴な人＝君《きみ》の主人」なので、それだけ偉い人です。

「君子《クンシ》」は、その高貴な人の子と、ちょっと謙遜がはいります。つまり「君」という字は、高貴な人であり、だからこそ、源氏物語は朝顔の君や、藤袴の君など、美しい女性たちに「君」の尊称をつけています。「君」が天皇をあらわすというのなら、源氏物語の女性たちは全員、天皇ということになってしまいます。

その「君《クン》」という漢字に、古代の日本人は、もとからの日本語にある「きみ」という読みを当てました。「君が代」の「きみ」です。その「きみ」とは、どういう意味の言葉なのでしょうか。

実は、古代日本語で「き」は男性、「み」は女性をあらわす言葉なのです。

日本神話に登場する最初の男女神は、イザナ「キ」、イザナ「ミ」であり、「おきな＝翁」「おみな＝媼」という言葉もあります。

イザナキ、イザナミ以前の神々は性別がなく、日本の神々で最初に性別を持った神として登場するのが、イザナキ、イザナミです。その最初の男女神は、イザナキ、つまり「いざなう男」、イザナミ「いざなう女」として登場します。

「いざなう」は、漢字で書けば「誘う（いざなう、さそう）」です。つまりイザナキ、イザナミの物語は、誘《さそ》いあう男女の物語でもあるわけです。

二人は天つ御柱で出会い、
キ「我、成り成りて、成り余るところあり」

ミ「我、成り成りて、成り足らざるところあり」

と声をかけあい、互いの余っているところと、足りないところを合体させて、子を産みます。

ここで大切なことが、男女が互いに「成り成りて」というところです。「成り」というのは、完全に、完全に、という意味です。

その成りが二つ重なっていますから、「成り成りて」は、完全に完璧に成長したことを意味します。完全です。何の欠点もなく完璧に、ということです。知性も肉体も、まさに完璧に成長し、成熟したのです。

ところが、完璧に成長したら、互いに「余っているところ」と「足りないところ」があった。これは矛盾です。余ったり、足りなかったりするのは、「完全」ではないからです。

完全体になったら、完全でなくなってしまったのです。

そこで二人は互いの余っているところと、足りないところを合体させて、より完璧になろうとしました。すると「子」が生まれたのです。このことは、私達にとてもたいせつなことを教えてくれています。

神々でさえ、完全に完璧に成長してから、男女のまぐあいを持ったのです。ましてや、神々の子孫である我々人間は、男女とも当然に完全に成長してから、交合するものだということを教えているからです。つまり、親の脛かじりで、まだ勉強中の身上では、男女のまぐあいはするものではない。もっとしっかり勉強し、体を鍛え、互いに完璧に成長してから、結婚しなさい、というわけです。

つまり「きみ」というのは、男と女、それも「成り成りた男女」をあらわします。男女が「なりなりた」ことは、本人たちに喜びがあるだけでなく、親や親戚、教師など、周囲の者たちの喜びでもあります。

そしてまた、「完全に完璧な成長」は、尊敬の対象でもあります。ですから「きみ」は、「完全に成熟し成長した」という、喜びの言葉であり、おめでたい、相手を敬う言葉となったのです。

従って、「きみ」は、「完全に完璧に成長した男女の喜びであり、尊敬し敬愛する人の喜びであり、「きみが代」は、その「愛し尊敬する人の時代」という意味となります。

その「愛し尊敬する人の代」が、「千代に八千代に」と続くのです。

ここまでだけでも、「君が代」とその背景となっている日本文化の素晴らしさがあるのですが、歌はさらに「さざれ石の巌となりて」と続きます。

「さざれ石」というのは、正式名称を「礫岩《れきがん》」といいます。細かな石が長い年月をかけて固まって巌となった岩石です。

さざれ石は歴史の悠久を表す

実はこの「礫岩」、日本列島が生成されたことによって生まれた、日本ならではの地勢が生んだ岩石です。

どういうことかというと、日本列島の周辺には、大陸間のプレートがあります。よく地震が起きる原因となっているといわれている、あの地底プレートです。そこでは、片方の大陸のプレートが地底に沈み、もう片方の大陸プレートが隆起をしています。

互いに押し合いへしあいしている場所ですから、当然、そこは傾斜しています。

その傾斜地に、プレートで運ばれてきた小石が堆積する。

そして何万年という長い年月が経つ。堆積した小石は、大陸プレートのものすごい圧力に押されて、石と石がくっついていきます。

そして大きなかたまりの岩石になる。やがてその傾斜地が地殻変動で隆起し、地上に出て山脈となります。その山脈で見つかるのが、礫岩、すなわち「さざれ石」です。

まさに「さざれ石の巌と」なることは、それこそ何千年、何万年という、とほうもなく長い年月を必要とします。

昔の人が、そんな地学の知識をもっていたかはわかりませんが、ただ、礫岩を見て、長い年月をかけた自然の偉大な力には畏怖を感じたことでしょう。

同時に、とほうもない、何百年、何千年、何万年という寿命は、人間にはありません。にもかかわ

さざれ石

らずさざれ石が巌になるまでというとほうもない年月、互いに協力しあうということは、何を意味しているのでしょうか。

ここにも深い意味があります。

日本では古来、人は生まれ変わるものと信じられてきました。

肉体は老い、死を迎えても、魂は再び人となってこの世に生まれる。

つまり、「さざれ石の巌となりて」は、「生まれ変わって何度でも」という意味としてもとらえることができます。

そして忘れてならないのは、さざれ石は、小さな小石が結束して大きな岩石となっているという点です。

ひとつひとつは小さな小石でも、大きな力でみんなで団結したら、それは大きな「巌」となる。

つまりさざれ石は、「きみ=男女」の結束、そして生まれて来る子供達や新たに親戚となる者たちなど、そのすべての人々が、大きな力のもとで固く固く団結しあい、協力しあうことの象徴でもあります。そして最後に「君が代」は、「苔のむすまで」と締めています。

苔は、冷えきったり乾燥しているところには生えません。

濡れていて、水はけの良いところに生育します。カビとは違うのです。つまり、濡れたものと、固いものがしっかりと結びついたところに苔は生えます。

すなわち「苔」は、「きみ=男女」が、互いにしっかりと結びつき、一緒になって汗を流し、涙を流し、互いにしっかりと協力しあい、長い年月をかけて生育する。

それは、男女のいつくしみと協力を意味します。

ですから君が代は、「きみ」＝完璧に成長した男女が、「代」＝時代を越えて「千代に八千代に」＝永遠に千年も万年も、生まれ変わってもなお、「さざれ石の巌となりて」＝結束し協力しあい、団結して「苔のむすまで」＝固い絆と信頼で結びついて行こう

そんな意味の歌である、ということになります。

戦後の教育で学校で教えられた、戦争の象徴だとか、そんな意味ではまったくない。

人の愛と繁栄と団結を高らかに謳い上げた、祝いの歌なのです。

そんな歌が、いまから千年以上前に生まれ、たいへんにおめでたい素晴らしい歌として、勅撰和歌集にも繰り返し掲載され、江戸時代には庶民の一般的な祝いの席の謡曲として、広く普及していたのです。

千年の時を越えて、人々に祝歌として歌い継がれる歌を、我が国の国歌としているということ自体、すごいと思うし、さらにもっといえば、「きみ」の持つ深い意味と、その深い意味が千代に八千代に続く、さらに「苔のむすまで」という男女の愛に、私は、とてつもない日本文化の愛の深さと、あたたかみを感じます。

君が代の曲（旋律）について

君が代の旋律ができたのは、明治の初めの頃のことです。

その頃横浜の英国大使館に、ジョン・ウィリアム・フェントン(John William Fenton)という、音楽隊長がいました。

フェントンは、薩摩藩の依頼を受けて、薩摩の青年たちに吹奏楽を教えていました。薩摩軍楽隊です。実はこの吹奏楽団が、日本初の西洋式吹奏楽団です。なにせ楽器といえば、お琴や三味線、和太鼓、和笛くらいしかなかった時代のことです。言葉も通じない、五線譜も初めて目にするという日本人に、西洋式楽器の指導をされたフェントンは、さぞかしたいへんなご苦労だったことと思います。

ちなみにフェントンが教えた「薩摩軍楽隊」は、明治元（一八七一）年には「日本海軍軍楽隊」へと発展し、これがいまに続く海上自衛隊吹奏楽団に至っています。

そのフェントンが大山巌に、「明治新政府になにか儀礼音楽が必要です」と進言したのが、明治二（一八七二）年十月のことです。

「なるほど」とうなづいた大山巌は、数人と相談して、平素、彼自身が愛唱している「薩摩琵琶歌の蓬莱山」の中にある言葉を歌詞として選び、作曲をフェントンに頼みました。

薩摩琵琶歌「蓬莱山《ほうらいさん》」は、薩摩藩でおめでたい席で歌われた定番曲で、歌詞は次のようになっています。

目出度やな　君が恵は　久方の　光り閑《のど》けき春の日に
不老門を立ち出でて　四方《よも》の景色を眺むるに
峯の小松に雛鶴棲みて、谷の小川に亀遊ぶ
君が代は　千代に　八千代に　さざれ石の　巌となりて　苔のむすまで
……

「蓬莱山」の「君が代は　千代に　八千代に　さざれ石の　巌となりて　苔のむすまで」が現在の日

本国歌「君が代」になっているのです。

ちなみに「蓬莱山」というのは、道教の神仙思想にある支那の山東半島のはるか東方の海にあるとされている、不老不死の仙人が住む架空の島です（一説によると日本）。かぐや姫の物語（竹取物語）にも「蓬莱山」は、「東の海に蓬莱という山あり」とされ、そこは不老不死で金銀財宝ざっくざくのたいへんおめでたい島として登場しています。

つまり「鳳来山」の歌は、そんなおめでたい島に住んでいるかのように、美しい景色とおいしい食べ物に恵まれ、病氣になることもなく、人々が不老不死で、互いの幸せが永久に続きますように、という願いを込めた、たいへんにおめでたい歌というわけです。

そしてこの「おめでたい歌」に引用されているのが、まさに平安時代に誕生した「君が代」であるわけです。

フェントンは早速、この歌に旋

ジョン W. フェントンと中村裕庸
（ウィキペディア）

律をつけたのですが、出来上がりはイマイチ評判が悪い。コラール風で、アイルランド民謡ぽかったのだそうです。

で、明治九（一八七六）年に、海軍楽長だった中村裕庸が「君が代」楽譜を改訂したいという上申書を海軍軍務局長宛に提出しました。

中村裕庸は、その上申書にこう書いたそうです。（西洋諸国において）聘門《へいもん》往来などの盛儀大典あるときは、各国たがいに（国歌の）楽譜を謳奏し、以てその特立自立国たるの隆栄を表認し、その君主の威厳を発揮するの礼款において欠くべからざるの典となせり。

要するに、西洋では大典などの際に、国歌を演奏しているから日本も国歌を持つべきである、というわけです。

ところがこの上申は、普通に考えるととんでもないことです。

なぜなら、中村裕庸はフェントンの弟子です。

その弟子が、師匠であるフェントンが作曲した君が代はイマイチだから改善したい、と上申したということだからです。ところが、そこが師匠のフェントンです。

フェントンは、むしろ自分が作曲した君が代よりも、日本が日本文化に適した国歌を、自分たちの手で作曲するということに、逆に深い意義を感じてくれたのです。

そして、むしろ中村の上申をフォローさえもしてくれたといわれています。

なぜならフェントンは、日本人と親しく接し、日本文化に深く触れるにつれ、日本が好きで好きでどうしようもなく日本を愛するようになっていたのです。

こうして明治政府は、明治十三（一八八〇）年、宮内省雅樂課に、君が代の新たな作曲を命じました。

宮内庁雅楽課の奥好義は、フェントンの作曲した作品にさらに改良を加えていきました。

その旋律を、当時最高の雅楽演奏家とされていた一等伶人の林広守が、さらに荘厳にしました。

するとこんどは、音楽教師として日本に滞在していたドイツ人の音楽家フランツ・エッケルトが、「和音をつければ、もっと素晴らしいものになりますよ」と、曲に和音を加えてくれました。

つまり「君が代」の旋律は、日、英、独の、いわば合作によって生まれた旋律なのです。

そして、明治十三年の天長節（天皇誕生日）に公表され、それが明治後半から全国の小学校で祝祭日の儀式唱歌として普及し、慣習として定着していきました。


その「君が代」について、次のようなエピソードがあります。

日本の代表的作曲家山田耕作氏が、若い頃ドイツに留学していたときのことです。

ドイツの大学の音楽教授たちが、世界の主な国歌について品定めをしました。

結果、第一位に選ばれたのが日本の「君が代」だったのです。

理由は、まず曲の素晴らしさがあったことでしょう。

そして君が代の歌詞に込められた古代の日本人の心を知ったとき、まさに「君が代」は賞賛の嵐となったのです。

国旗及び国歌に関する法律（国歌国旗法）

「君が代」は、平成十一（一九九九）年に、国歌として法制度化されました。

実は、それまで「君が代」は、明治、大正、昭和にかけても、国歌とする法はなかったのです。

それでもみんなが「君が代」を国歌と思ってきたわけです。

幾百年にわたって、多くの人々によって、祝い歌として歌い継がれてきた謡曲が、稀世のメロディを得て、素晴らしい曲となったからです。

法なんてなくても、意味を知れば誰しもこの歌が国歌と思うのが自然です。

それだけのことです。

そして、そういう「自然にみんながそう思う」ということが、世の中においてとっても大切なことなのではないかと思います。

法があるかないかの問題ではないのです。

♪　君が代は　千代に八千代に　さざれ石の　巌《いわお》となりて　苔《こけ》のむすまで

私は、胸を張って「君が代」こそが、日本の国歌であると申し上げたい。

無心

第三章　先人が守り続けてきてくれた日本

谷口博昭

日本が世界に誇れる最古のもの

第一章では、世界に誇っていい皇統を取り上げました。日本には、世界に誇れる最古のものが沢山存在します。

第二章で取り上げたように、日本の国旗は西暦七〇一年、文武天皇が年賀の飾り付けに日章の旗を揚げたことが最初と言われています。日本の国歌は、平安時代の古今和歌集の祝賀の歌が原点になっています。古さだけでなく、歌詞も素晴らしいです。

・最古の木造建築が日本にはあります。

法隆寺の金堂。五重塔は六〇七年に焼失しましたが六七〇年に再興しています。

最大木造建築は、東大寺で七四三年に建立されています。

・千年以上続く企業が世界に比べてダントツに多いことをご存知でしょうか。

金剛組の創業は五七八年、令和四（二〇二二）年から一四四五年前になります。

いけばなの根源である「池坊」は、寛正三（一四六二）年が始まりとなっています。

石川県小松市にある宿屋「法師」の創業は、養老二（七一八）年、一三〇四年前です（ギネス）。

兵庫県城崎にある宿屋「古まん」の創業は、養老元（七一七）年、一三〇五年前です。

京都市に本店を置く仏具店「田中伊雅仏具店」の創業は仁和年間（八八五年〜八八九年）。現存する、業歴千年を超える日本の老舗企業九社のうちの一つです。京都府内の製造業の中では最古の企業で、一一三七年前になります。

・日本は、一〇〇年以上超える企業は十万社あります。
ドイツは二千社程度、ヨーロッパ全土で四千社程度です。
・縄文式土器は、一万六千年前のものが発掘されています。
・世界最古のスポーツイベントは、大相撲、四世紀頃に始まっています。
・小説の源氏物語は、西暦一〇〇一年　平安時代の作品です。
・世界最古の印刷物である百万塔陀羅尼は、西暦七六四年、称徳天皇が一〇〇万巻を印刷し法隆寺をはじめ十の寺に収めました。
日本って素晴らしいですね。

こうした誇れるものがあるということは、それだけ日本が国家として長く引き継がれてきたという何よりの証しです。

しかしそれは、まさに先人が命がけで戦って国を守ってきたということでもあります。それを日本人として実感できれば、「今だけ、金だ　け、自分だけ」から脱却できるはずです。

独立国としての氣概と武士の覚悟

国を守るということは、国民を守るということです。長い歴史の中で日本は、どのような歩みをしてきたのか。やはり国の守りとなると、日本が生き残りを懸けた戦いが中心になるのは、自然の流れだと思います。

「えっ、それは習っていない」という内容もあるかもしれません。当然、人それぞれに考えがあるわけなので意見の違いはあっていいです。

重要なことは、国民として国家を背負っていることを忘れないことです。

歴史は特に、その時代の背景を無視しては当時の思いを追体験できません。自分がその立場だったらどうするか、そのことを頭に入れて読んでいただければと思います。

まず聖徳太子が作成し推古天皇十二年（西暦六〇四年）に制定したと言われる「十七条の憲法」を取り上げます。

その第一条は、広く知られている「和を以て貴しとなす」です。「和の心」や「和の精神」と言われるように、「和」は日本人の生き方を示す代表格となっています。

聖徳太子に関してもう一つ有名な話があります。西暦五八一年に建国された隋の第二代皇帝・煬帝を激怒させたという「日出づる処の天子、書を日没する処の天子に致す」という手紙です。

中国には伝統的に、中国が世界全体の支配者であるという考え方があります。中国の周りの国を、東夷《とうい》、南蛮《なんばん》、西戎《せいじゅう》、北狄《ほくてき》と見下し、冊封《さくほう》政策で相手国を「朝貢国（服従する国）」と見做すのです。

聖徳太子が煬帝に書いた「日出づる処の天子……」は、何を示しているのか。日本も隋も同じ「天子」を使っていることに注目してみると、日本は朝貢国ではない。同格の独立国ということを聖徳太子が主張しているのです。

注目すべきは、主張だけで終わっていないことです。日本が独立国として歩んでいくには何をなすべきなのか。それを示したのが「十七条の憲法」ということです。

その第一条、天使から国民のすべてが和の心を以て立派な独立国を創り上げていこうという強い思いが込められている。単に和するだけではないのです。国の守りがその根底にあるのです。また十五条には「（意訳）自分の欲望などを棄てて、公務を果たすのが役人の道である」。十七条には「（意訳）大事なことを決める際には、一人で決めるのではなくみんなで議論するように」と書かれています。

ここで述べている「みんな」は、現代のように個人としての「みんな」ではなく、日本人の世界観から言えば「国民意識を持ったみんな」となります。それがあって日本は、団結力が強くなります。国民と国とは一体であるという感覚は、国家を守っていくためには非常に重要であると私は考えています。聖徳太子は「十七条の憲法」でそのことを訴えているのです。

次は「元寇《げんこう》」です。

鎌倉時代中期の話です。モンゴル高原及び中国大陸を中心領域として、広く東アジアと北アジアを支配していたモンゴル帝国（元朝）が、その属国である高麗軍と共に二度にわたって日本を襲ってきた、日本国家存亡の出来事です。

文永十一（一二七四）年の文永《ぶんえい》の役《えき》と、弘安四（一二八一）年の弘安《こうあん》の役《えき》ことです。神風が吹いて日本が勝利したと若い時に聞かされましたが、鎌倉武士が自らの命を懸けて必死で戦ったからこそ勝利したのです。

では、鎌倉武士はどう戦ったのでしょうか。

それに関して、鎌倉にある円覚寺に今も残る話があります。無学祖元禅師（仏光国師）が、北条時宗公に与えた言葉です。

仏光国師は、南宋に生を享けて、径山の佛鑑禅師のもとで修行し、その後各地の禅僧について修行を重ねられ、何事も無ければ、そのまま南宋の禅界の中心人物となれた人です。

しかし、元の国が宋を攻めて来て、自らも刃を突き付けられるという危機にも遭い、南宋の滅亡と同時に言葉も通じない日本に見えたのでした。

時の執権北条時宗は、仏光国師に熱心に参禅していました。

弘安の役の年の春、仏光国師は時宗公に「莫煩悩」の一語を与えました。

敗けたらどうしようなどと煩い悩むこと莫れ。やるべきことに心を集中させ、力一杯戦いなされ、ということです。

「莫煩悩」の一語は、時宗公の心にもよく響き、おかげで、海を渡って来た敵もみな追い払ってしまうことができました。武士は、国を守るために覚悟を決め、命を懸けて戦ったのです。

そして仏光国師は、夏には博多で再び戦乱が起こるであろうことを予見し
「海虜百万、鎮西に寇す。風浪俄に来たって一時に破没す」

（海から百万の敵が九州を襲うだろうが　風浪がにわかに起こって一時に没するだろう）

という言葉を時宗公に与えました。

仏光国師の言葉が、どんなにか若き時宗公の支えになったことでしょう。

時宗公三十一歳でした。

「莫煩悩」の言葉は、もともと中国唐時代の禅僧・無業（七六〇～八二一）の言葉です。無業は、誰が何を尋ねても、ただ「莫煩悩」（煩い悩むこと莫《なか》れ）と答えたそうです。

仏光国師の功績は、何代にもわたって伝えられ、長く忘れることなく語り継がれています。

日清戦争　朝鮮半島は常に日本の脅威だった

明治維新後、日本は僅かな期間に西洋文明の科学技術や近代制度を学び、アジア諸民族に先駆けて近代国家を築きあげていきました。

明治政府になって、日本の最初の戦争が日清戦争です。朝鮮半島は、鎌倉時代中期に日本を襲った元寇でも分かるように、常に日本の安全を脅かす位置にあります。

当時の朝鮮は李朝が支配した当初から、清の臣下的存在（清への朝貢外交）でした。その清も天保十二（一八四二）年、アヘン戦争でイギリスに敗れ、フランスやドイツ、ロシアなど列強の浸食が進んでいました。

そうした動きの中で朝鮮においても、日本の明治維新のように開国して国を近代化させるという開国派と、いままで通りにいくという鎖国派の勢力争いがありました。

日本は朝鮮に開国して外交を結んで欲しいと交渉するのですが、朝鮮の態度がはっきりしません。そんな中で、明治八（一八七五）年九月に、日本の軍艦が朝鮮より砲撃を受けるという江華島事件が起こります。

その解決のために明治九（一八七六）年に結ばれたのが「日朝修好条規」です。この条約で、朝鮮は自主独立の国であることを宣言しています。

しかし、なかなか開国派と鎖国派の争いは終わりません。鎖国派は清国に要請して開国派を抑え込みました。明治十五（一八八二）年の壬午軍乱《じんごぐんらん》と明治十七（一八八四）年の甲申政変《こうしん》です。

これで困ったのは日本です。朝鮮の独立を認めたのに清が軍事的に朝鮮への影響を強めたからです。それで日本は清国と天津条約を結び、朝鮮に出兵をする際は事前通告することを約定して、朝鮮半島から撤兵したのです。

ところが今度は明治二十七（一九八四）年一月、東学党の乱が起こると、またもや鎖国派が清国に救援を依頼したのです（甲午農民戦争）。

それで日本は約束が違うとして派兵。仁川に上陸、ソウルの王宮を占領し朝鮮の独立を支援する親日派の大院君政権をつくりました。朝鮮の独立国家を願ってのことです。

一方、清は朝鮮の属国化を目指したことで、日本と対立し、明治二十七（一八九四）年七月、日清戦争が始まりました。

日本軍は陸、海とも戦いに勝ち、翌年三月には澎湖列島を占領し終戦となりました。

日本の勝利で日本は清（中国）と下関条約を結びました。

（1）朝鮮の独立を認める。
（2）遼東半島・台湾を割譲する。
（3）賠償金二億両を支払う。

ところが、条約を結んでからわずか六日目でフランス、ロシア、ドイツが、遼東半島を還せ！との返還要求を突き付けてきたのです（**三国干渉**）。戦争に勝利した国が、領土の割譲を受けるのは普通になされていたのに、それを他国が力づくで奪い取るわけですから酷い話です。でもこれが現実です。日本は、フランス、ロシア、ドイツの三国を相手にとても戦う力は残っていませんでした。日本は已む無く遼東半島を清国に返還し、**臥薪嘗胆**が日本人の合言葉になりました。じっと我慢して次の機会まで耐え忍ぶというものです。

柴五郎が籠城戦を守り抜いた義和団事件（北清事変）

清が列強に植民地化される中、列強の公使館が北京に造られたことに対して、排外主義を掲げた義和団がそこを包囲する事件が起こりました（明治三十三年・一九〇〇年）。

武士道を貫いた柴五郎

清（中国）はそれを鎮圧せずに、列強に対して宣戦布告したのです。
これに対して列強は八か国連合軍で戦いました。それが義和団事件（北清事変）です。（八か国とは、イギリス、アメリカ、ロシア、フランス、ドイツ、オーストリア・ハンガリー二重帝国（一九一八年には解体）、イタリア、そして日本）
この籠城戦を勝利に導いたのは、会津出身の柴五郎でした。その戦いぶりは、各国から非常に高く評価され、日英同盟締結の大きな要素になりました。

満州から撤退しないロシア　ついに日露戦争が始まる

日清戦争が終わった後、次なる問題が起こります。それは三国干渉で日本から奪った遼東半島（満州の南部）でロシアが、大連、旅順を租借し、ハルピンと結ぶ鉄道の施設権を清（中国）から得て工事を進めたのです。

また義和団から守るという理由でシベリアから大軍を南下させロシアは満州全域を支配して居座ったのです。

もう満州はロシアの街となり、清朝の役人が満州に入るのにもロシアの許可が必要でした。

日本はロシアに満州から撤退を要求します。しかしロシアは、逆に朝鮮半島の北部に「中立地帯」を設けると提案してきたのです。

これは、ロシアが朝鮮半島を支配下に置くことを意味します。ロシアはアジアの小国日本を見下し、交渉の相手にすらしなかったのです。明らかに日本を追い出す作戦です。

「嫌なら戦争をやってもいいぞ」という態度でした。もはや日本は、国防のためにロシアと戦うしかなくなりました。仕掛けられた、と言ってよいでしょう。

日本は、明治三十七（一九〇四）年二月十日、ロシアに宣戦布告し日露戦争が始まります。

当時のロシアは強大な軍事力国家。世界に日本の勝利を信じる者は、ほとんどいませんでした。ところが、日本が勝利したのです。

海上の決戦は日本海海戦で、東郷平八郎司令長官の下、バルチック艦隊を撃破しました。

日露戦争は、有色人種が白色人種の大国と戦い、史上初めて勝利した戦争です。ここから植民地になっていた世界の国々が独立の火を挙げたのです。

世界の歴史を塗り替えるきっかけとなりました。

そして、日本の勝利には日英同盟が寄与しています。

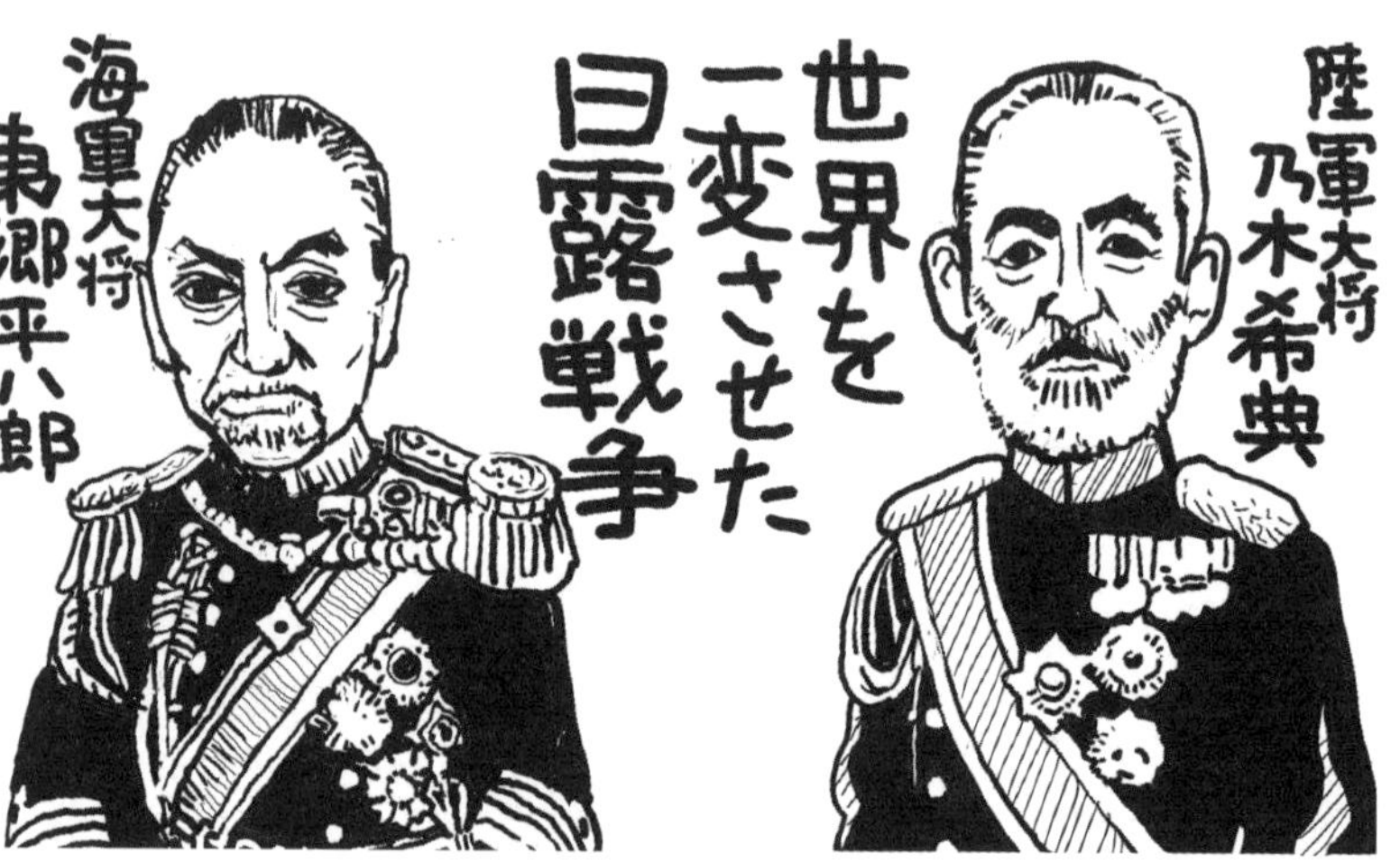

（絵 ゴロ画伯）

日本海海戦一九〇五（明治三十八）年五月二十七日

日本が日露戦争に勝った第一の理由は、立派な指揮官と、勇敢な兵士だったとよく言われます。たしかに、機関銃の使用や、馬から下りて戦うという奇策を出した秋山は立派だったと言えるでしょう。しかし、日本騎兵が無敵となり得たのは、何よりも機関銃という最新兵器があったからです。

つまり、立派な指揮官と勇敢な兵士がいさえすれば、戦いに勝てるというわけではない。その証拠に、勇敢さでは名高いインディアンは、アメリカに入植してきた白人にあっけなく追いやられたではないか。戦の勝敗を分けるのは、やはり、兵器です。どれだけ状況を見極め、最適な兵器を投入できるかというところで勝っていなければ、どんなに指揮官が立派で、兵士が勇敢でも、勝てるはずはない。その点では、日本海海戦にも同様のことが言えます。

しかも日本が独自に開発した、いわば〝オリジナル武器〟が活躍したことは、当時の日本の技術進歩を示す事実として特筆に値します。「圧倒的に不利」と見られた陸軍に対し、海軍にはイギリスから購入した新造艦が二隻ありました。と言っても、有利だったのはその点だけで、海軍の戦力としては、やはりロシアが勝っていたと言えます。

ロシア海軍の総排水量は日本海軍の約二倍、戦艦と大砲の数も、ロシアのほうが多かった。そこで俄然ものを言ったのが、一八九一年に海軍技師、下瀬雅允が開発した「下瀬火薬」です。

この火薬は、弾核を三千もの破片にしてあらゆる方向に飛ばすことができます。つまり、少々的が外れても、敵の戦力を確実に削ぐことができたのです。しかも、四千度という高熱を出すのです。

炸裂の爆風で吹き飛ばすだけの従来のものに比べれば、じつに画期的な火薬だったのです。この下瀬火薬を仕込んだ砲弾を受けるたびに、ロシア軍艦からは猛烈な火の手が上がったという。通常の火薬なら、死傷者を収容すればふたたび砲撃体制にはいることができます。しかし真っ赤に火が燃えさかっていては、近づくことすらできない。下瀬火薬の威力は、かくも絶大だったのです。

また、木村駿吉という人物が開発した無線電信器機も、日本を圧倒的有利に導いた。まだどこの国も持っていなかったこの装備によって、敵艦の位置をいち早く通報することができたからです。ちなみに、無線電信の発明者マルコーニがイギリス海峡を越えての電信実験に成功したのは、これよりわずか六年前の一八九八年のことであり、海戦で実用に耐えられる電信器機を開発したのは、木村が最初だったのです。

こうした武器や装備の活躍により、日本海軍は、一隻の沈没船も出さずして、あのロシアのバルチック艦隊を全滅させることができたのです。

日露戦争終結　政治家が政治家としての役割をみごとに果たした

日露戦争に関して私が感心しているのは、政治家が政治家としての役割を立派に果たしたということです。日露戦争を侵略戦争とする歴史観からは、こういう評価は生まれ得ないでしょう。

日露戦争は、祖国防衛戦争でした。その結果如何《いかん》で日本の将来が大きく左右されるため、日本政府は、まさに全身全霊をかたむけました。

客観的状況からすれば、日本がロシアに完勝する可能性は、まずない。緒戦では勝てても、戦争が長期に渡れば日本はあっという間に劣勢に転じるだろう。これが、日本政府の見方でした。

ですから日本政府内では、開戦を決意するとともに、いかにして戦争を日本に有利に終わらせるか、という問題が議論されていました。

そのためには、日本が劣勢に転じる前に仲介者を立て、日本に有利な講和条約を結ぶしかない。しかし、どの国を仲介者とすべきか。日本と同盟関係にあるイギリス、ロシアと軍事同盟を結んでいるフランスなどを省いていくと、アメリカ以外には考えられないということになりました。また、アメリカは、かつての不平等条約改正に前向きだったこともあり、日本に対する理解が深いと思われたのです。

こうして日本政府は、ハーバード大学でルーズベルト大統領と同窓だった金子堅太郎を特使としてアメリカに送ったのです。

開戦前に終戦のことを考えた明治政府の外交センスには、脱帽するしかありません。

軍人が戦地で戦い、政治家が戦争を終わらせる。軍人と政治家というものは、このように役割を分担することで、それぞれの力を最大に発揮するということを、特に現代の政治家には肝に命じて欲しいと強く思います。

日露戦争を勝利に導いた東郷平八郎

日本が国として存在できるのは、外国からの侵略に対し日本人自《みずか》らが日本を守ってきたからです。

東郷平八郎元帥は、日露戦争を勝利に導き世界一の海将と呼ばれています。それまでの世界一の海将はイギリスのネルソンでした。ネルソンは一八〇五年、トラファルガー海戦でフランス・スペインの連合艦隊を破り、イギリスの海上覇権を確立しました。

その百年後、日本海海戦でロシアのバルチック艦隊を全滅させた東郷はネルソンを凌《しの》ぐ古今東西随一の海将として全世界から尊敬され今日に至っています。


その名前すら知らない日本人が多いのは、戦後学校で教えられてこなかったからです。戦争に結びつく話や人物は意識的に消してきたのです。


日本が対露戦争に立ち上った時欧米は、日本を狂氣の沙汰扱いしました。ロシアはイギリスと覇権を争う世界一の陸軍国であり、海軍も英、仏に次ぐ戦力を有していたのです。

従って連合艦隊司令長官東郷平八郎の辛苦は並大抵ではありませんでした。

前半戦は旅順を基地とするロシア太平洋艦隊と戦い、一年がかりでようやく全滅させたわけですが、この間、六隻の戦艦中二隻を失う痛手《いたで》を被《こうむ》ってしまいます。

次いで明治三十八年五月二十七・二十八日、東航してきたバルチック艦隊と戦いました。同艦隊は戦艦を八隻も有していました。それにひきかえ日本の戦艦は四隻、日本の連合艦隊は明らかに不利であり、欧米諸国は今度こそロシアが勝つと予想していました。

日本が敗れてしまえば、日本そのものが無くなってしまう。わが国朝野《ちょうや》の憂慮《ゆうりょ》は誠に深いものでした。

同年二月、いよいよ戦いの出発に当り東郷は参内《さんだい》、その時、戦いの前途を案じられた明治天皇の御下問に対し、

「恐れながら誓って敵艦隊を撃滅しもって宸襟《しんきん》（天皇の御心）を案じ奉ります」

と力強くお答えしました。

以後三か月間、連合艦隊は猛訓練を重ね、五月二十七日午後二時すぎ、対馬沖でバルチック艦隊を迎え撃つのです。その時旗艦三笠の艦上に、

「皇国《こうこく》の興廃《こうはい》此《こ》の一戦に在《あ》り。各員一層奮励努力せよ」

の信号旗「Z旗」が掲げられました。まさに日本の命運を決する戦いでした。

両艦隊は南北より接近、八千メートルの距離となった時、東郷は艦隊を左側に大きく回転した。これが「敵前大回頭《だいかいとう》」です。

欧米では「東郷ターン」とよばれましたが、海戦の原則として戦闘直前の艦隊の急回転は禁忌《きんき》とされています。その間、敵の集中砲撃を受けるからです。

ロシア側は、東郷は何を愚かなことをするのかと驚喜し一斉に砲撃を開始しました。

東郷はウラジオストックに逃げこむ可能性が高い敵艦隊を何としても決戦に誘いこむ為に、あえて最初の数分間相手に撃たせ放題にしたのです。

しかしそれは敵味方あらゆる人から見て戦法の常識を逸脱《いつだつ》した危険極りない動きと思われました。

だが東郷はたとえ多少の損害が出たとしても決戦に誘い込むことさえ出来れば必ず勝てるとの信念をもっていました。

それは大胆無比にしてかつ細心、冷静な計算に基づく一大決断でした。

戦いは翌日夕方まで続きますが、連合艦隊はバルチック艦隊を殆ど壊滅させ、我が方の沈没は水雷艇三隻だけでした。この我が連合艦隊の空前の完勝に世界が信じ難い思いをしたのは無理もありません。

この勝利の最大要因こそ、剛勇と慎重を兼ね備えた東郷の比類なき統率、指揮でした。日本海海戦の大勝はロシアの継戦の意図を打砕き、日露戦争の勝利を確定しました。

日露戦争は歴史を根本から変えました。数世紀にわたる欧米諸国の有色民族への植民地支配を阻止し、やがてそれを終らせる画期的な歴史の一齣《ひとこま》を打ち立てているのです。

それゆえにこそ東郷は古今随一の海将として高く仰がれたのです。

敬神尊皇の念深く至誠の人物であった東

戦艦三笠と東郷平八郎の像

郷の生涯の信条が次の句によく表われています。

「他から迂愚《うぐ》と嘲《あざ》けられようとも愚物《ぐぶつ》と笑われようとも、正直にして誠の道を踏み違《たが》えぬこと」

凄いですね。日本人として、少しでもこういう生き方に近づきたいものです。

日露戦争は二十世紀の最重大事件だった

当時、それができたのも、元老の存在が重みを持っており、元老に指名された内閣に権威があったからです。

つまり、憲法に定められていなくとも、政治家が軍をおさえることができたからこそ、こうした的確な外交ができたのだと言えます。こうして、ルーズベルトの斡旋を経て結ばれたのが、ポーツマス条約です。

日本は、ロシアの窮状を把握しきっていなかったため賠償金までは取り付けられませんでした。

しかし韓国における権益、満州を含めた関東州の租借権などを得ました。日露戦争の戦場は満州であり、日本が満州の権益を得たのは日露戦争で日本が勝利した結果です。決して、侵略して得たのではありません。

こうした権益にも増して重要なのは、これを機に世界の様相ががらりと変わることになったことです。

なにしろアジアの小さな有色人種国が、ナポレオンすら裸同然で追い出したロシアを敗ったからです。あまり指摘されていませんが、日露戦争は、二十世紀最大の重大事件だったと言えます。

というのも、これ以降、白人の植民地は一つも増えていないからです。白人による全世界のアパルトヘイト化の進行が、コロンブスの後四〇〇年にして、日本が日露戦争を戦ったことで挫折したと言えるのです。

第一次世界大戦ヨーロッパで勃発

日露戦争が終結し十年も経たない一九一四（大正三）年に、第一次世界大戦が起こりました。そのきっかけは、オーストリアの皇太子夫妻が、ボスニアの首都のサラエボで暗殺されるサラエボ事件が起きたことです。これに端を発して第一次世界大戦へと拡大していきます。

最初日本は参戦していません。

その当時ドイツは、膠州湾《こうしゅうわん》の青島を根拠地として東洋艦隊を置いていました。その艦隊の巡洋艦が、イギリスの商船を脅かしたということで、イギリスはドイツの艦船を撃破するために日本の対独参戦を求めてきました。

日本は日英同盟を結んでいたことから参戦します。日本軍は、ドイツ軍と激しい砲撃戦の結果、一週間後に青島（チンタオ）を占領し、またドイツの東洋艦隊を追って南下し、独軍のマーシャル群島（マーシャル・マリアナ・カロリン）を占領しました。

大正四（一九一五）年一月には、日本はドイツの持っていた権益を継承し、中華民国に「対華21か条要求」を提示したことで中国国内では反対運動が起こりましたが、袁世凱政権は要求を受け入れました。

また、日本海軍は、兵員を輸送する「大輸送作戦」の護衛任務を成功させたり、ドイツ海軍のUボートの攻撃を受けた連合国の艦船から七〇〇〇人以上を救出したりして、連合国諸国から高い評価を受けました。

日本は、世界の五大国の一つになり、大戦終結後には、マルタ島（イギリス海軍墓地）に日本海軍の墓碑が建立されました。

日本が世界で初めて「人種差別撤廃」条項を提案

日本は、大正八（一九一九）年一月から始まったパリ講和会議に参加して、白人優先主義の中で、「人種差別撤廃」条項という画期的な提案をしています。

一回目の提案ではとても成立するような状況ではありませんでしたが、その後関係国にその必要性を訴え、四月の国際連盟委員会最終会合で第二回目の提案を行いました。根強い反対意見もありましたが投票が行われ、賛成十一名、反対五名で賛成多数となりました。

当然、日本の提案は成立すると思われました。

ところが、この時の議長であるアメリカのウイルソン大統領は「全会一致でないため提案は不成立である」と宣言したのです。

賛成多数を得ながら否決されてしまった、ということは白人国家の現実を日本は見せつけられたということです。

ちなみに人種差別撤廃条約は、昭和四十（一九六五）年の第二〇回国連総会において採択され、昭和四十四（一九六九）年に発効しています。日本の提案がいかに画期的だったかが分かります。

日本排除に動いた一九三〇年のロンドン軍縮会議

第一次世界大戦で日本は、国土への戦火を免れただけでなく、連合国の他の参戦国から軍需品の注文を受けて非常に景氣が良くなりました。

というように第一次世界大戦は、「日本に漁夫の利」をおさめる好機となったのです。ですが、好機こそ魔の機会となってしまいました。

青島を日本軍が占領したことで、中国の抗議と敵意があらわになったこと。もともと青島は中国領だったからです。

マーシャル群島の占領は、アメリカの警戒心と敵意を生んだこと。

「此の世の中、ただより高い買い物は無い」という世評通りになりました。

アメリカは、日露戦争の終わった翌年あたりから、セオドア・ルーズベルト大統領の指示で、「オレンジ計画」と呼ぶ対日戦争計画を練り始めたのです。

十九世紀末、フィリピン・ハワイを獲得した米国にとって、次のフロンティアは、巨大市場の中国でした（当時は四億人のお客様と呼んでいたらしい）。

しかし既に満州の利権を独り占めし、中国への道に立ちはだかっていたのが、強力な海軍力を持つに至った新興国の日本でした。

アメリカは、日本を満州から撤退させるべく、直接介入ではなく、海上作戦によって戦うこと、即ち日本の海上戦力を減削することで、息の根を止めることを考えました。

それが、一九三〇年、ロンドン軍縮会議において戦艦保有量を、米・英・日で五・五・三とさせられた軍事上の不平等条約です。

一九〇五年、日本海海戦で日本海軍の強さを見せつけられるや、アメリカはその時から、対日戦を考えていたと見るべきです。こうして日本は、力を削がれていきます。

満州事変は侵略戦争か？

日清、日露の戦争で日本は、中国において権益を得ていたわけですが、中国内の混乱は政権交代があっても収まる氣配がありません。

一九一一年、孫文による辛亥革命が起き、その翌年、清朝が倒れ、中華民国が成立しましたが、相変わらず軍閥割拠で統制がとれないからです。

一九二〇年には、ロシア革命で、共産勢力が中国へと勢力を伸ばして、中国国内は無政府状態が続き、国内は極貧の中で、人々は、その日の食さえ得られない状態でした。

この悲惨な日常に不満を抱く人々の間に、外国人への憎しみが広がり、中国に住む外国人への生命や財産は、一氣に脅かされることになりました。

「困窮の原因は外国人」と人々を煽り、排除のため、外国人へ集団で襲いかかることが幾度も続くようになりました。

政府への不満を外国人への憎しみにすりかえる、というのが中国人の手法です。

この時代は、世界的に道義も道理もない、弱肉強食が列強の帝国主義のルールでした。それに敗け続けた中国は、結果として屈辱的な条約を押し付けられたり領土が割譲されたりし、中国人民としては面白くない。

それを招いたのは間違いなく中国政府なのに、中国政府はその反発を外国人に向けた。それが義和団事件でも分かるように暴動となって悲惨な事件が頻繁していました。

それによって日本人は、大変な目に遭遇することになったのです。

日清戦争の頃の満州は、馬賊だらけの不毛の荒野でした。日露戦争後二十年を経て、農業、鉱業、林業を興し、インフラを整え、中国の他の地域とは全く異なった、住みやすい土地へと変えていったのは日本人の努力があったからです。

日本は外国から多大な借金までして、この地を発展させたのに、この日本人の努力は認められませんでした。

力を見せつけなければ、どこまでも増長する中国は、日本政府の和平という弱腰を見て、一九二八年、済南で、多数の在留邦人を暴行、虐殺し、多くの死体に陵辱まで加えるのです。

致し方なく、今度は在留民を守るべく、三千五百名の日本守備隊が、数万の大軍を相手に局地戦を戦わざるを得ませんでした。

このような空氣をみて、関東軍は満州事変へと突っ走ったのです。政府も陸軍中央部も、不拡大でしたが、溜りに溜り、怒りに燃える関東軍は、中央部を無視して関東軍参謀・石原莞爾などが、事前に綿密な計画を立て、政府の許可なく独断で実行したのです。

一九三一（昭和六）年九月、柳条湖付近で満鉄線を爆破したのが満州事変です。日本はその翌年、五族（漢人、朝鮮人、満州人、蒙古人、日本人）協和の理念をもって満州建国へとつなげました。

一万数千人の関東軍は五ヶ月程で、十倍近い張学良軍を粉砕し全満州を占領したのです。

アメリカの上海副領事・タウンゼントが、満州事変の二年後に『暗黒大陸・中国の真実』の書を公にしました。その中では「中国に駐在していた米英の官民の体制はこうである。……我々が何年もやるべきことだと言っていたことを日本がやってくれた」。

「何年も前から中国当局は略奪行為を黙認し、反日プロパガンダをし、線路に石を置き、日本人を狙撃、殺害した。このようなことを、アメリカに住む人は知らないのだ。

アメリカの各新聞に載るのは、宣教師や、上級外交官といった、中国におもねっている連中からの情報ばかりだからだ」

満州事変を契機に、一氣に米世論が反日一辺倒になったことについて、右の如く書いています。現地に居た「米国政府代表」の書ということが重要です。

満州国は、当初こそ日本の植民地的色彩が強かったものの、日本が、大々的に資本を投下し、重工業が育ち、インフラが整備され、治安がめっきり良くなりました。

日本からの開拓民ばかりか、「毎年百万人以上」の中国人が満州国へ移住したのです。

日本人は僅か二％足らずのこの国へ、満州産業開発五カ年計画は、日本の一九三七年歳出予算の倍近い規模であったということは、植民地化ではなく五族協和という理念で国づくりをした何よりの証拠と言っていいでしょう。

日支事変（支那事変）の拡大

ところが一九三六年末、蒋介石は、部下で熱狂的反日主義者の張学良に西安で拘束され、周恩来との会見がなされた結果、国共合作（国民政府軍と共産軍が協力し、日本に当たること）を約束させられてしまいました。

共産主義を嫌悪する蒋介石がこれを呑んだのです。命と引き換えの相当の脅しがあったと想像できます。

一九三七年七月七日、北京近郊の盧溝橋で日中間の小競り合いが起こりました。激高する日本のマスコミや国民の声にも拘わらず、日本政府も、軍部も、「想像を絶する忍耐」を示しました。

中国と戦争をすることの無意味を承知していたからです。

満州国の位置

しかし、です。次から次へと日本を戦争に引きずり込むため、支那人であるが中国共産党員の仕業と思われるテロが、特に上海を中心に起きていました。

政府及び陸軍参謀本部は、中国との戦争に氣乗りしませんでした。それは、いつの日か、やがて、ソ連共産主義が宿敵となり、日本は戦争をせざるを得ない。また、日本へ敵意を募らせている米国との戦争を想定し、その日まで、兵力を温存し、強化しなければならないと覚悟していたからです。その間に建設したばかりの満州国を、対ソ連、対米国の為の総力戦に備え、確固たる後方基地に育てなければならなかったからです。

満州事変を起こした石原莞爾は、参謀本部作戦部長でしたが、中国との戦線拡大には強く反対していました。それゆえか、盧溝橋事件の後、関東軍副部長に左遷された。

鬼才、石原は日中戦争が泥沼化するであろうことを、しっかりと見抜いていたのです。また、日本政府は、そして陸軍参謀本部は、何としても和平を達成しようと画策していました。

ところが、近衛首相は昭和十三（一九三八）年一月、「国民政府を相手にせず」という声明を発して、自ら和平工作の道を閉ざしてしまったのです。

多田参謀次長は、突然の変心に涙と共に抗議しましたが、近衛首相は聞く耳を持たなかった。その理由は、共産主義者で側近でもあった「尾崎秀実《ほつみ》」や、「西園寺公一《きんかず》」などの働きかけだといわれ、共に「ゾルゲ事件」に連座し逮捕された人達です。

近衛声明が、日本を最悪へと導いたことになります。

大東亜戦争での敗戦

日本軍と国民政府軍が疲弊し切ったら、ソ連の方から満州へ侵攻して、「日露戦争の復讐のチャンス」が生まれ、さらに共産主義を中国全土に広めることができる。

毛沢東の共産軍を整備強化しておけば、国民政府軍を叩き潰すことも可能になる。

こんな読みでソ連は、「日本軍と国民政府と戦争をさせ」、日本の和平工作のすべてをブチ崩すために、蒋介石政権へ、飛行機九百二十機、自動車一千五百十六台、大砲一千百四十門、機関銃九千七百二十丁を送っている。

その上志願兵としてパイロットまで送っているのです。

こうしたスターリンの陰謀を知らず、蒋介石は大いに喜び、「中ソ軍事同盟」を結び、支那事変を引き延ばしたということです。その黒幕こそ、共産主義者であったのです。

日本においては、蒋介石を倒すまで徹底的にやるべしと、『朝日新聞』や『中央公論』、『改造』などが主張し、近衛首相もその方向に進んだわけです。

アメリカもまた――日本で言えば大東亜戦争、アメリカで言えば日米戦争が起こる前に――こうした支那事変のさなか（現在では日中戦争と呼ぶことが多いが歴史の事実とは違います）において、すでに中国へ膨大な援助を与えていました。

太平洋における唯一の強敵であり、「憎むべき日本」を疲弊させようと企んでいたことは、ソ連共産主義と米国は同じ目的であった点が明らかです。

それが日本と中国の戦争を泥沼化させたのです。

当時、米英による蒋介石への援助（南方から支那大陸へ送る方法）には三方法ありました。１．香港ルート　２．仏印ルート　３．ビルマルートと言われる援蒋ルートです。

そのルートを封じることは、日本にとって当然の措置です。これを理由に日本軍が東南アジアを侵略したという意見もありますが、その主たる理由は援蒋ルートを潰すための戦いであって決して侵略ではありません。

結果として百万近い日本軍を中国大陸に貼り付けさせ、日中間に膨大な「犠牲を出させ疲労させた」わけですが、それは日本を中国から追い出し自らの利権を獲得したいという「米・英・ソ」の植民地化意識と、次の「大東亜戦」に備えた準備であったのです。

東京裁判で、日本を侵略国家と断罪した当の本人マッカーサーが、一九五一年の米国上院軍事外交合同委員会で、次の如く述べています。

「日本は絹産業以外には、固有の産物はほとんど何も無いのです。彼等は綿が無い、羊毛が無い、石油の産出が無い、錫が無い、ゴムが無い。その他、実に多くの原料が欠如している。そしてそれら一切のものが、アジアの海域には存在していた。

もしこれらの原料の供給を断ち切られたら、一千万から一千二百万の失業者が、発生するであろうことを彼等は恐れていた。したがって、彼らが戦争に飛び込んでいった動機は、大部分が安全保障の必要に迫られてのことだった」

すなわち、日本にとって「大東亜戦争は自衛戦争であった」と証言しているのです。日本人はこれらの真実を知るべきです。

日本は敗戦　しかしその成果は計り知れない

よく日本はアジアを侵略したという話を聞きます。

当時のアジアの指導者たちは、戦ってくれた日本に感謝しています。そうした書籍は沢山出ていますし、ネットで検索すれば出てきます。

日本が戦ったのは、アジアを植民地にしていた白人（国家）です。そのことを理解せず、アジアで戦争したから侵略したというのは、事実を見ようとしない全く不正確な話です。

現に戦争が終わってから、アジア、アフリカの国々は沢山独立していきました。

白色人種・植民地主義国のすべてを相手に、有色人種の代表として独り日本が戦ったのが大東亜戦争であり、この戦いを契機に、植民地支配されていた民族の全てが解放され独立（一〇〇国以上）しました。

ですから昭和十六（一九四一）年から始まった戦争の呼称は「大東亜戦争」であって、決して「太平洋戦争」ではないのです。

この事実を日本人はしっかりと認識しなければなりません。侵略戦争をしたというのは全くの嘘です。地図を見たら一目瞭然です（小生も数年前マレーシア、インドネシア訪問し、各地で日本軍による独立支援に対し、感謝の声を生で頂き感激！）。

欧米列強によるアジア侵略

ロシアの南下政策
1858年
ロシアが領有
ロシア帝国
アムール河
以北地域
沿海州
1860年
ロシアが獲得
清
1840〜42年
アヘン戦争
1856〜60年
アロー号戦争
1880〜1920年
イギリス保護領
1876年
イギリスが保護国化
朝鮮
日本
アフガニスタン
1566年
ポルトガル人が建設
ネパール
ブータン
バルチスタン
マカオ
香港
1842年
イギリスが獲得
イギリス領
インド
ビルマ
（ミャンマー）
フランス領
インドシナ連邦
（ベトナム・ラオス・カンボジア）
タイ
王国
1886年
イギリスに併合
フィリピン諸島
1887年成立
セイロン島
（スリランカ）
1796年
イギリスが領有
イギリス領
マレー連邦
1895年成立
1858年
イギリスがムガル帝国を滅ぼし、インドを直接統治
オランダ領東インド
（インドネシア）
シンガポール
1819年
イギリスが領有
1904年成立
1898年
アメリカ・スペイン戦争によりアメリカ領となる

毛沢東は日本に感謝していた

日本が中国に侵略戦争を仕掛けたという話が定説のようになっていますが、それは嘘です。なぜなら、毛沢東は日本に感謝していたのです。

「本当ですか」と疑いを持つかもしれません。少し説明しましょう。

国民党（蒋介石）は共産党を嫌い毛沢東（共産党）と戦っていました。そこで共産党の指導組織であるコミンテルンが毛沢東（共産党）に策を授けます。蒋介石を上手に導きだし一九三六年に蒋介石拉致監禁事件（西安事件）を起こしたのです。それによって蒋介石は共産党軍と手を組むことになり国共合作で抗日に動くことになりました。

その毛沢東（共産党）の狙いは、蒋介石（国民党）と日本を戦わせ、両方の戦力を消耗させ、共産党が勝利するということです。

いわば日本は、中国の勢力争いに引きずりこまれ、必死で戦ってきたわけです。しかし戦後は、そのことには触れず、何もかも日本が悪いという話になっているのです。

その戦後思想を、そのまま信じて疑わない代表とも言える日本社会党の佐々木更三氏が、中国を訪問した際に、『日本が中国を侵略し申し訳ない』と謝ったら、毛沢東は『いえ、私達は日本が国民党と戦ってくれたので感謝している』と言ったそうです。

日本は、中国共産党にやられてしまったということです。それにイギリスやアメリカも加担していたのです。蒋介石に軍事的応援を行っており、有名なのが「フライング・タイガース」です。戦闘機も操縦士もアメリカが提供。あたかも中国軍のように日本軍を攻撃していたのです。

その中国共産党は今、アメリカに対抗する覇権国となっています。結局最後は、アメリカも、中国に利用されてしまったというわけです。

戦後復興を見事に成し遂げた日本

昭和二十年八月、世界で最初に広島（六日）と長崎（九日）に原爆を落とされた日本。一瞬に約二十一万人が亡くなり、その後被曝で亡くなられた数を加えると五十一万人を超えています。

また全国一一三都市が焼け野原となり、再起まで二百年は不可能と世界から言われました。それが僅か二十三年足らずで不死鳥のようによみがえり、世界第二の経済大国に成長、先進国サミット入りを果たしました。

資源小国である日本は、世界初となる経済大国の快挙を成し遂げたのです。

それを世界に示したのが、昭和三十九（一九六四）年に開催した東京オリンピックです。敗戦の昭和二十（一九四五）年から、わずか十九年のことです。

日本人の魂、まさにここにありですね。

私は、こうした歴史を振り返って「よくぞ日本を守ってきてくださいました」とご先祖様や先人の皆様に、心から感謝せずにはおられません。

今こうして安全に平和で暮らせるのは、先人が日本を守ってくださったからです。なんと有り難いことでしょうか。

ですから私は、日本人に生まれて本当に良かったと思っています。

人を愛し家族や仲間を愛し、地域や会社を愛し、そして国も愛することは、ごくごく当たり前のことです。

愛する日本が日本であり続けるために、私は日本人として誇りを持ち、先人に恥じない生き方をしなければならないと日々心掛けています。

ウズベキスタン共和国、カリモフ初代大統領が語った言葉

ここで日本人を感じる文章を一つ取り上げます。

ウズベキスタン共和国のカリモフ初代大統領は、子供の時、毎週末に母親に手を引かれ日本人捕虜収容所に連れていかれたそうです。シベリアからウズベキスタンに二万五千人もの日本兵捕虜が輸送されていたのです。

大統領のお母さんは、毎週同じことを言っていたそうです。

『せがれよ、ご覧、あの日本人の兵隊さんを！　ロシア兵の兵隊が見ていなくとも働く。お前も大きくなったら、必ず人が見ていなくても働くような人間になれ！』と。

「おかげで母の言い付けを守って、私は大統領になることができました」と、一九九七年経済企画庁

長官だった麻生太郎が日本の閣僚として初めて面談した際に話をしたそうです。

さらに、ウズベキスタンの首都タシケントを襲った大地震では、首都が壊滅したにも拘わらず、日本兵捕虜が作った劇場だけは、無傷で残った。

カリモフ大統領は、独立後その壁面に「日本人捕虜」と刻まれていた言葉を「日本国民」と書き直させました。

「我々は、日本と戦争をしたこともなければ日本人を捕虜にした覚えもない」と大統領は語っています。

二万五千人もの日本兵一人一人が、日本人たる精神を失わなかった。我々の先輩たちに衷心より感謝し、日本人の誇り高き精神を後世まで伝えていきたいですね。

感謝！　感謝！　感謝！

日日是好日

第四章　武士道にみる日本人の生き方

谷口博昭

武士は食わねど高楊枝

世界を混乱の渦に巻き込んだ新型コロナの影響によって、多くの企業は売上、利益が減少し、国民生活でも経済的に苦しくなったり行動に制限がかかったりしました。

と言って悪いことばかりではなく、中にはコロナによって会社の営業成績をアップさせたところもあります。

世の中は、それが現実というものです。

大事なのはその中で自分は、またはうちの会社はどう生きていくかということです。

実際、働き方や生活スタイルを見直し、前向きに歩んでいる人達がいます。そういう人達ばかりならいいのですが、なんでも国に要求したり、これを利用して政権批判したりする姿に、私はどうも違和感を抱いてしまいます。

悪いのは全部他人、自分さえよければいいという身勝手さを感じます。世の中は、良いこともあるし悪いこともあるので、それを乗り越えていく精神力がどうも無くなってきているようにも感じます。

それで私は、今の人達、特に将来を担う若者達に「武士は食わねど高楊枝」という言葉を人間形成の一つとして贈りたい。

貧乏は恥ずかしいことではない。

貧しいことによって、独立自尊の精神が失われていることが恥ずかしいのである。

明治維新によって廃藩置県が施行され、士農工商の身分制度の廃止、侍の資産は没収、給与は止まってしまいました。武士にとっては、天と地がひっくり返ったと言っていいほどの革命でした。当時（明治四年）の元殿様は三〇〇人、武士階級は約二〇〇万人、その人達も資産が没収され給与が止まったのです。武士達は、生きていくために商売をしなければならなくなった。士農工商と言われた時代。武士は「士」として、殿を守り、藩を守ることに命をかけ、誇りを持って生きてきました。

その武士が、商売を営む。やってみたら、その能力が全くないことがわかりました。その成功率は一％以下であったそうです。

西郷隆盛や勝海舟、山岡鉄舟は、こんな国家を作るために維新を起こしたのではないと嘆き、政府から受け取った給料の大半を食えなくなった元侍達に分け与えています。

武士道と商人道の違いは、何だったのでしょうか。

武士道には「君命《くんめい》は身命《しんめい》より尊し」の思想があります。藩やお家の為に二心なく命をかけて尽くすことを第一とする生き方です。そのために武士は「義」「信」「忠」「仁」「誠」などの徳目を自分の実践課題として生きてきたわけです。

しかしよく考えてみてください。「義」「信」「忠」「仁」「誠」の徳目は、「正直」「誠実」「顧客第一主義」など独立自尊につながり、現代なら商売の大原則として誰もが認める実践項目です。

徳川幕府最後の将軍、徳川慶喜に仕えた渋沢栄一は、武士道と商人道は同じであると叫び続け、自らそれを実践して第一国立銀行、王子製紙、大坂紡績など五〇〇ものの企業を設立し、渋沢財閥を作り上げました。

明治維新前後の日本の危機には、多くの偉人達が輩出し国民を指導し、非常事態である日本国を救いました。

今の日本は、世界的に見れば七十七年以上の平和が続き、経済的にも途上国に比べればまだまだ豊かです。それなのに、それに感謝するどころか、自分達の要求ばかりを主張する人達が目立ちます。もちろん、低賃金で働いている人達がいることは承知しています。ここで言いたいのは、なんでも他人のせいにしてしまうような考え方の質の低下です。

「武士は食わねど高楊枝」は、貧しくて食事に困っても、食べたように装うという武士の「やせ我慢」を言っています。その心は「今は苦しくとも、自分の役割はきちんと果たす」ということです。

特に若者には、今は苦しいけどそれにはへこたれないぞという意氣込みを持って欲しいのです。

暮らしを豊かにするのも、会社を良くするにも、また国を良くするにも、結局はその集まりを構成する人達、国で言えば国民一人一人の生き方に関わってくるからです。

東洋の島国日本が、時代の流れで弱肉強食の世界に引き込まれ、第三章で述べたように国を守り続けてこられたのは、間違いなく武士道精神が日本人にあったからです。

私は、日本の将来を担う若者の教育に是非とも、「武士は食わねど高楊枝」を取り入れてもらいたい。そう強く願います。

若者に武士道を！

最近の若者は道徳心に欠け、挨拶、礼儀も知らない、信念のない、ボウフラ人間が増えていると言ったら言い過ぎでしょうか。

そんなことで私は、学校教育の中で武士道を取り入れるべきと常々考えています。手元にある武士道についての記述がある月刊誌を参考にしながら私の思いを入れながら紹介します。

武士は、卑怯なことを恥とし、他国のように文章を交わさずとも日本人は信頼が最も尊い証文となる文化である。感情表現を心の中にとどめ「武士は食わねど高楊枝」。決して人前では、絶対に弱音をはかない。戦場において相手方に名を名乗り敬意を表して戦う。

主君には、忠義を尽くして礼を重んじ、名誉の為ならば損得勘定はしない。

正義の道理には無条件で従い武士の情けを高潔とする。正にこれが武士道である。戦前よく歌われた「海ゆかば」は武士の原点ではなかろうかと私は思う。

作詞：大伴 家持（万葉集巻十八）……海行かば 水漬《みづ》く屍《かばね》 山行かば 草生《くさむ》す屍 大君の 辺にこそ死なめ 顧みへりみはせじ。

意味は、「海をゆくなら水に漬かる屍ともなろう、山をゆくなら草の生える屍ともなろう、天皇のおそばにこの命を投げ出して、悔ひはないのだ、決して振り返る事はないだろう」

文化の違う諸外国の人々にこの大和精神が通用するのであろうか。

新渡戸稲造が、武士道精神を諸外国の人達に伝えるために英語で書いた『武士道』を発刊し、それがベストセラーとなった。明治三十三年である。見事に武士道精神を伝えている。そもそも武士道とは、戦や切腹だけの教えではない。武士は、士農工商という身分制度の中で最高の地位であった。

ひとたび戦いが起これば主君の為に駆けつける。それゆえに武士には様々な規律が代々課せられていたのである。そういった武士の精神を外国人に理解させる為に新渡戸稲造が書いたのである。

「武士道とは死ぬ事なりと見つけたり」。これは鍋島藩の山本常朝が書きまとめた『葉隠』に武士の心得として載っている有名な言葉である。決して死を美化したり自決を推奨しているのではない。嫌いな上司から酒の誘いを断る方法や、部下の失敗をかばってやる方法など、今の我々のビジネスに通じる心構えが記述されている。諸外国と違い日本には宗教教育がない。道徳教育が失われている今の日本の現状、武士道教育を取り入れたら如何かなァ—。

武士道は、武士の妻に対しても言及している。家庭的であれ、女傑であれ、少女たちは成年に達すると懐刀と呼ばれる短刀を与えられていた。

いざという時に身を守る為に純潔を守る為に短刀は使用された。主人が戦いに行けば家庭を守るのは母親の役割である。

男世界のように思われる武士の世界だが、実は女性の持つ役割は大きい。

武士道の精神は、武士だけではない。日本人の道徳の基本となったのである。明治になり士農工商の身分制度はなくなったけれども、広く日本人の心の中に生き続けている。我々日本人は、この日本の文化を世界一素晴らしい文化として誇りに思っていいのです。

「かくすれば、かくなるものと知りながら、やむにやまれぬ大和魂」。吉田松陰が刑死前夜にしたためた辞世の句です。まさに日本の武士の代弁です。

剣道師範八段、近藤勁助氏の言葉を紹介します。

「剣道の基本は何だろうということを考えました。剣道は刀で命の取り合いをすることに由来しますが、現代の剣士は術から道に入っています。祖先の武士は、戦いの中から武士道に入りました。命を掛けた勝負は、息が乱れた方が負けです。怖れる心、疑いの心、そういうものを取り除くのが修行です。その人のあらゆるものが、剣風にあらわれます。

息のことを考えると、道のことを考えるようになります。（私がお坊さんの修行中に教えて頂いた弘法大師様の教えの中に「息の乱れは心の乱れなり」があります。息とは自分の心と書きます。深呼吸とは、深く吐いて吸う、吸うが相手にスキを与えることになる等々……）、息という字は自らの心です。

書道も息で書きます。華道・香道・茶道の動作も呼吸が大切で、『道』とつくような日本の文化はみなそうです。息づかいで、修行した人とそうでない人のちがいが感じ取れます。

スポーツの理念と剣道の理念は、自《おの》ずと違っています。

スポーツは、ルールの中で勝ち負けがつき、勝ったものを讃えます。

社会では、金を儲けた者が勝ち組と評価されます。

武士はそうではありません。強いからといって決して評価されず、段位が優先されます。剣道は人間形成です。身体を鍛え、呼吸を鍛え、精神を鍛えます。

必然的に殺人剣ではなく、活人剣になっていきます。相手を活かすには、自分の心を豊かにし、相手の立場を考えなければなりません。

子供に剣道を教える時は『はい』と返事ができるように指導しています。『はい』は『拝』です。拝む手を合わせる、感謝と反省と勇氣の心です。

空返事はいけません。そういうことを伝えていくのも武士道精神です……」

武士道は仏教とかなり深く結びついています。輪廻転生、つまり魂の存続について当たり前に考えているからです。死者に対して我々が何らか評価するということは、死者そのものが我々の中に生きていると同じということです。

したがって、死後も名を汚されることのないように、「立派な人間」でなければならない。それが、武士の根本的な姿勢でした。

北条氏の家訓や『武道初心集』『葉隠』などには、「常に死を思って行動せよ」みたいな記述も見られます。明日にも死ぬと思っていれば、今日一日を全力で生きようとするので、結果的に「名を惜しむ」生き方になるのです。

台湾の前総統李登輝氏の講演を聞いて

李登輝氏はインターネットを通じて「台湾精神と日本精神」と題して講演されました。

主要のテーマは日本の「武士道」と「大和魂」でした。氏は、「武士道や大和魂は、日本最高の道徳規範であり、今も世界に通用する人類最高の指導理念であると言っても過言ではない」とまで言い切っています。

「武士道や過去の歴史に対する全面否定、すなわち自らの歴史に対する自虐的価値観が今日の日本混乱の要因になっている。

日本を苦悩させている学校の荒廃、青少年非行、凶悪犯罪の増加、官僚の腐敗、指導者層の責任回避と転嫁といったことは、国家の根幹を揺るがしかねない。

今日の由々しき事態は、武士道という道徳規範を国民精神の支柱としていた時代には決して見られなかった。

これらの諸問題は、戦後の自虐的価値観とは決して無関係ではない」

また氏は、戦前の台湾における日本の教育について
「当時の日本の教育システムは実に素晴らしいもので、古今東西先哲の書物や言葉に接する機会を、私にふんだんに与えてくれた……」とも言われました。

日本の教育者よ！　李登輝先生の「爪のアカ」でも煎じて飲め！

そこで学校の先生に成る為の条件を私なりに提案したい。

「大学を卒業したなら先ずは、一年間自衛隊に入隊して国家のために労働奉仕を行い（戦前の徴兵制度に則って行う）教育者たる試験・面接をへて配属許可を与える」ことを。

教育は国家百年の大計です。将来の日本を任す人財を育てる為には、この位の思い切ったことをしなければ日本の再生は難しいと言わざるを得ません。

武士道は日本人にとっては最高の道徳規範

日本人の国民性を形成する上に根源となったのは神道と武士道です。武士道の根底には神道があるからです。神代からの神道・神ながらの道が「花は桜木　人は武士」とたたえられた武士により磨きに磨き抜かれたものが武士道となっているのです。

武士道について述べた世界的名著が、新渡戸稲造の『武士道—日本の魂—』です。明治三十三年に

英文で書かれた本書は、大反響をよび日本及び日本人を欧米人に知らせる上に絶大な貢献しました。

新渡戸はこう述べています。

「武士道はその表徴たる桜花と同じく、日本の大地における固有の花である。それは今なお我々の国における力と美との活ける対象である」

「過去の日本は武士の賜である。彼らは国民の花たるのみでなくまたその根であった。彼らは社会的に民衆より超然として構えたけれどもこれに対して道義の標準を立て、自己の模範によってこれを指導した」

神道とともに武士道があればこそ明治維新が成就し得、近代日本の確固たる独立を堅持し得、さらに日清・日露戦争に勝利し得たのです。

また敗れたとはいえ大東亜戦争において、米英と敢然と戦い得たのも武士道があったからです。圧倒的戦力を誇る米軍に対して日本軍は沖縄、硫黄島、ペリリュー島等で恐るべき抗戦を行い玉砕しましたが、日本軍の人間業を超えた鬼神の戦いぶりに米軍将兵が、いかに恐怖のどん底に陥ったかは、彼らの戦記がそれを証明して余りあります。

また神風特攻と「人間魚雷」による回天特攻も彼らを震え上がらせました。数多くの玉砕戦や特攻の戦いは日本人にしかできないことですが、こうした戦いは武士道精神があってはじめて可能であったのです。

武士道の最重要の徳目は「忠義」です。これを欠いて武士道はありえません。天皇と国家への忠義、忠誠、忠節こそは武士道のいのちであり、究極です。

その武士道の精神が最高度に発揮されるのは、国家民族の危機、困難時です。日本人は明治維新、日露戦争、大東亜戦争という最大の困難において、武士道を以て戦い抜きました。

そうしてそれらに象徴される近代日本の歴史は世界の歴史を大転換させたのです。すなわち数世紀に及ぶ欧米諸国の人種偏見に基づく有色民族に対する植民地支配を打破りついに終焉させ、人種平等の世界を日本一国の力で築き上げたのです。

これこそ近代日本の成し遂げた、重大な世界的貢献です。

しかし敗戦とアメリカによる占領統治によりわが国の誇りある歴史伝統文化は、価値なきものとして断罪され、神道同様武士道も社会、学校教育から排除され今日に及んでいます。

しかし神道、神社についてまともに教えられなくても、伊勢神宮式年遷宮に千四百万もの人々が参拝した年もあります。

武士道も同じです。いかに無視し否定してもしきれるものではありません。どうしてか。神道や武士道を否定することは、日本人の自己否定にほかならないからです。

国家民族が危機困難に直面したとき、国民はいやおうなしに日本人としての本性に立ち還るほかなく、日本人である限り必ず武士道を顧みるのです。

今日特攻が見直されそれに関する少なくない書物が多くの若者の支持を集めているのを見てもそれは明らかです。武士道が時代と民族を超えて普遍的価値を有することにつき、台湾の李登輝元総統はこう述べています。

「武士道は日本人にとっては最高の道徳規範です。しかしそれは日本人にだけではなく、世界にとってもきわめて貴重な財産であると考えています。例えば危機的状況を乗り切ってゆく為に、何を精神的指針とすべきかを考える時、私は迷わず日本の武士道を挙げたいと思います。武士道とはそう言えるほどの人類最高の指導理念であるといっても過言ではないのです」

新渡戸稲造の『武士道』にみる日本人

「義、勇、仁、礼、誠、名誉、忠義、克己」

一言、日本人像を語れと言われても、人によってその捉え方が違うので考え方も違って当然です。でも、日本には、共通して納得できるものがあります。

それは、新渡戸稲造の著書『武士道』（原文は英文）の中にある八つの徳目です。

なぜそう言えるかと言えば、「日本の宗教教育はどのように施されているのか」、すなわち「どのように人間教育をしているか」と奥さんや恩師から尋ねられて、『武士道』を書いたということから、日本人の生き方を説明するのに適当と考えられるからです。

新渡戸稲造

現に、第二十六代のアメリカ大統領セオドア・ルーズベルトが、自分が体験したボーイスカウト精神と共通点があり、日本を知る格好の書物として子供達にも配ったそうです（佐藤全弘、藤井茂著『新渡戸稲造事典』教文館）。

新渡戸稲造と言えば、昭和五十九（一九八四）年から平成十九（二〇〇七）年まで五千円札の肖像になっていたので知る人も多いと思います。第一次世界大戦後に創設された国際連盟の事務次長にも就いています。

それより約二十年前の明治三十三（一九〇〇）年一月、『BUSHIDO』は米国で発刊され、日本では明治四十一（一九〇八）年に訳され発刊されています。

その中で新渡戸稲造は、八つの道徳を示しています。その八つとは、「義、勇、仁、礼、誠、名誉、忠義、克己」です。この武士の心構えが、日本人の生き方として伝統的に継承されてきたのです。

日本人は常に公の意識が同居している

新渡戸稲造の『武士道』を勉強して、何故この八つの道徳が日本人の生き方の中にあるのかが分かってきました。日本人の心（精神、生き方）には、常に自分以外の他者や公の立場が同居しているということです。

生きているのは自分という個人ではあるけれども、それは同時に他者のため、公のためにも生きている。個人と国の関係で言えば、個人として生きているけれども国民としても生きている。個と全体は、それぞれが単独で生きているのではなく、同時に生きているということです。

しかも日本人は、それを意識しないで生きている。おそらく長い歴史の中で築きあげられた文化（生き方）が、日本人のＤＮＡとなっているのだと思うのです。

それでは、一つ一つの言葉を見てみましょう。

義……利害損得を抜きにして生きる人の正しい道

義の文字を分解してみると――いろんな見方がありますが――上は美しいを表わし、下は我（自分）を表わし、美しく生きるということです。美しくとは、正しい道を歩むということです。ですから、自分さえ良ければいいという考え方はありません。言い換えれば人様のお役に立つ生き方と言えます。日本人としての大事な生き方です。

勇……正しいことを行う際に必要な強い心

勇というと、腕力を想像する人もいるかもしれません。もちろんそれも勇の一つに入りますが、もっと大事なことがあります。

多くの人々が口には出しませんが、苦手な「行動」を起こす際に必要なのが「勇」です。

人は一日三万五千回も決断しているそうですが、困難な時や切羽詰まった時には判断に迷いが生じます。右に行くか左に行くか、前に進むか、止めるか、撤退するか、何を選択するにも決めなければなりません。いじめを注意するときもそうです。

その時に、「勇」すなわち勇氣が必要です。たとえ「義」「信」「忠」「仁」「誠」などの徳目を身につけたとしても、行動に現わさなければ「絵に描いた餅」になってしまうからです。

こう考えると、人生に「勇」は重要な徳目です。

仁……表面的ではなく、真に人を思いやる心

新渡戸稲造は言っています。

仁は、優しく、母のような徳である。

高潔な義と、厳格な正義を、特に男性的であるとするならば、
慈愛は女性的な性質である優しさと諭す力を備えている、と。

仁とは、単なる優しさではないことが分かります。

優しさは、知らぬ間に、もしくは受け取る側の氣持ちに甘えが生まれるものです。ですから真の優しさには厳しさがなければなりません。「諭す力を備えている」というのは、厳しさもあるということです。

優しさで諭していたのに、わがままな人間に育ってしまったということになるからです。

私の体験で言えば、真に優しさを持っている人は、真に厳しい面を持っています。立派な人間、立派な日本人を育てるためには、厳しさも必要なのです。

礼……お互いを思いやる　お互いに感謝する　共に生きる

新渡戸稲造は「礼」の項目で「人とともに喜び、人とともに泣けるか」と問いかけています。それは他者との一体感があってのことです。それで稲造は、精神の陶冶、心の練磨を勧めています。とも

に喜び、人とともに泣けるには、どうしても人間的魅力が必要になってきます。

自分勝手に生きることは、礼に反し、組織を壊すことになります。

人が集まって目標に向かって頑張る。礼の精神をもって一人一人が頑張ることで一人では成し得ない大事業の実現も可能になります。

細胞の一つ一つが自分の役割を果たし、お互いが調和して全体を生かす。

自分も生き、相手も生かす。それが礼の働きということです。

誠……ウソをつかない　ごまかしはしない

約束は必ず守る。人を騙したり裏切ったりしない。言ってみれば人として当たり前のことですが、「武士に二言はない」と言いますが、実に格好いい言葉だと思いませんか。

武士は、嘘をつくことやごまかしをすることは臆病とみなされ、恥とされました。それが誠の生き方になっていったわけです。

武士の約束は、おおむね証文なしで決められ、かつ実行されていたということです。それは誠があったからできるのです。信用、信頼は、誠の実践から得られる。本当にそう思います。

名誉……人として恥ずかしいことはしない　高潔に生きる

ここで言う名誉は、職場や社会的地位が高いという立場のことではありません。人としてどう生きるか、簡単に言ってしまえば、人間の名誉を守るために、恥ずかしい生き方はしないということです。

恥ずかしい生き方は、武士として何より不名誉とされてきました。そのことが「人を大きく育てる」

と新渡戸稲造が言っています。

「人に笑われるぞ」「体面を汚すなよ」「恥ずかしくはないのか」などは、名誉を傷つけて生きてはならないと、生き方を正す言葉として使われてきました。

名誉を守って高潔に生きる。背筋がびしっとします。

忠義……主君には義を以て仕える　そこに深い意味がある

儒教には、人が守るべき基本的徳目として、五常と呼ばれる、仁、義、礼、智、信の五つが挙げられていますが、そこには忠の言葉はありません。また孟子の教えである五倫にも、「父子の親」「君臣の義」「夫婦の別」「長幼の序」「朋友の信」はありますが、そこには忠の文字はありません。

忠義というと、封建時代の家臣が主君に服従するための言葉のように捉える人がいると思いますが、私はそうではないと考えています。忠義を尽くすのは家臣だからです。主君に義を以て仕えることが忠だと私は捉えます。

さて、ここからは日本的な考えだと思うのですが、義を以て仕える先には、その家があり藩があるということです。前述した他者との一体感、公の心と同居していることと同じです。

さらに日本には天皇陛下がおられる。天皇陛下は権力者ではなく権威のご存在です。日本の歴史は神武天皇のご即位からはじまっています。つねに国家安泰と国民の安寧を祈られる天皇陛下の御心を受けて、国民が忠義の心を以て生きる。

これは力と力の関係ではなくて、心、魂の関係です。これが日本人の感覚だと思います。また歴史の重さだと思います。

単に天皇という地位が続いてきたのではなく、一つの血筋は連綿と一二六代、世界一長く続いているのです。それが男系ということです。

先人は、この貴重な歴史を日本のあるべき姿として守ってきてくれたと私は強く思っています。

克己《こっき》……自分に打ち克つ

そこで重要になってくるのが克己です。

己とはオノレ、自分のことです。克はカツのことですが、人との戦いに勝つのではなくて自分の個人的な欲望や弱さに克つことです。

常々私は「何事も最後は人に行き着く」と考えていますので、立派に生きていくには自分を磨くしかないと思っています。その目指す人間像を新渡戸稲造は見事に示してくれています。

日本人なら、これに恥じない生き方をしなければなりません。

吉田松陰と「士規七則」

六歳で兵学の吉田家の家督を継ぐ

幕末、明治に活躍した志士たちを育てた吉田松陰は明治維新の三十八年前、一八三〇年に長州藩の下級武士・杉家の次男として誕生しています。禄が少なく父・杉百合助は農業もしており、畑作業を兄弟に手伝わせながら四書五経を素読させたり、長州藩の武士として尊王につながる書を父自らが音読し、それを兄弟に復唱させてもいました。

この幼き頃から松陰（寅次郎）は優秀だったようで、寅次郎の成長を見ていた百合助の弟・吉田大助は（子供がいなかったので）寅次郎を養子に迎えます。

吉田家は長州藩の兵学の家であり、吉田大助は山鹿流兵学師範でした。寅次郎六歳の時、叔父・大助が病死、兵学の吉田家の家督を継ぐことになったのです。

これは一大事、六歳といえども甘やかして育てるわけにはいかない。もう一人の叔父・玉木文之進は、公の心を持つ大事さを含めて立派な武士になるように、厳しく教育に当たりました。

その成果は確実に上がり、松陰11歳のときに、藩主・毛利敬親《たかちか》の御前で講義を行い、藩主よりで大きな信頼を得ています。

東京都世田谷区にある松陰神社

至誠にして動かざるものは、未だこれ有らざるなり

『孟子』の中にあるこの言葉を、松陰は一生貫き通しました。誠の心で接すれば、動かない人はいない。誠意を尽くせば、どんなことでも動かすことができる。動かないのは自分の誠意が足らないからである、と。

自分がどんな場に置かれようと、この思いは変わりませんでした。

華夷弁別《かいべんべつ》

華夷《かい》とは、中国（漢民族）の中華思想で「漢民族は世界の中心」であり周辺国の異民族は東夷、南蛮、西戎、北狄と呼び蔑《さげす》みます。

これに対して松陰は「華夷弁別」を説きました。

華と夷をはっきりと区別し、自分が生まれた場所を世界の中心と考え、努力することによってだれも優秀になることができ

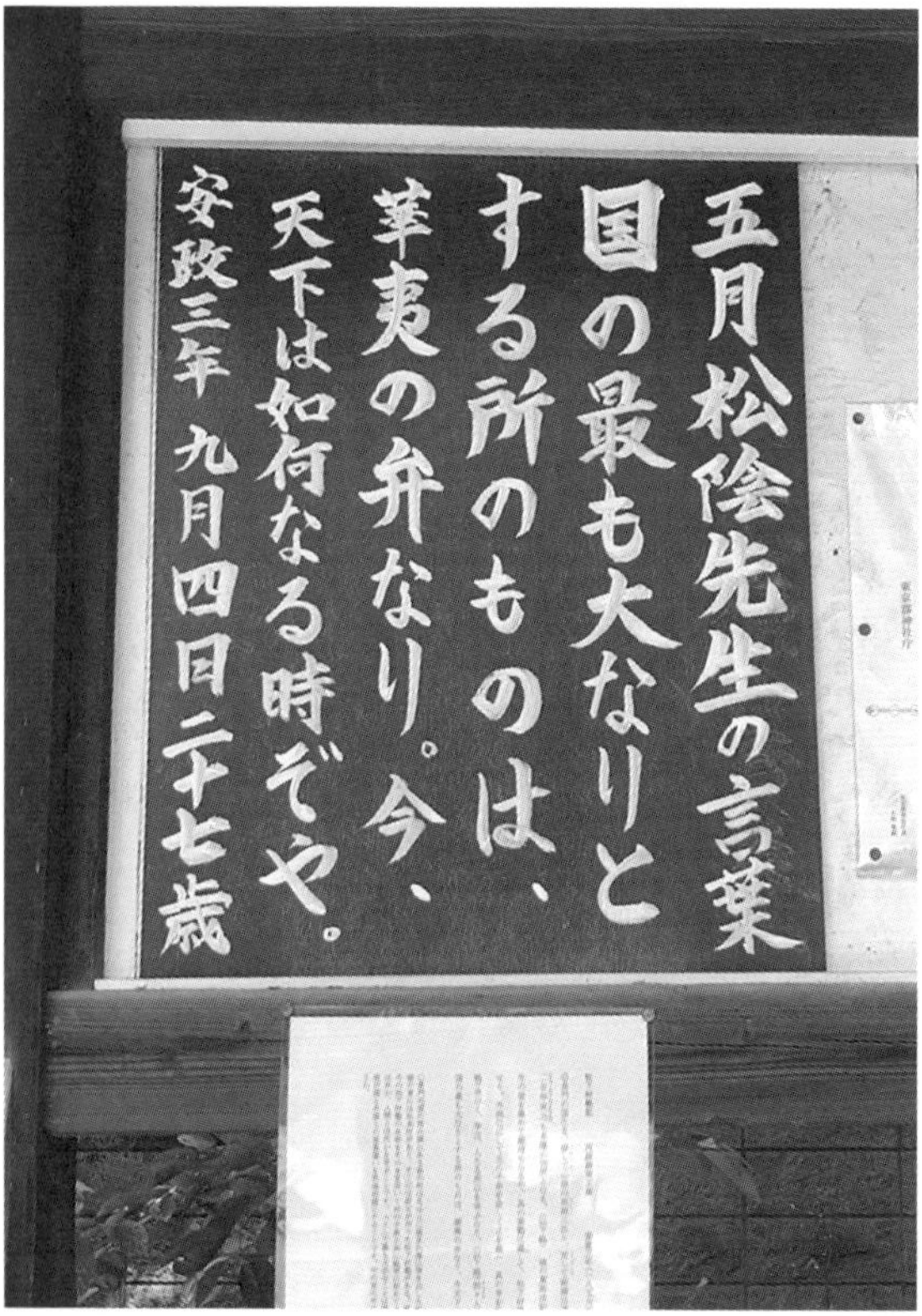

神社境内の掲示板

るというのです。他人の意見や主張を鵜呑みにはせず、自分の生き方を自分で決めることの大事さを教えています。

四時の順環

江戸小伝馬町の牢にいた松陰に、処刑の日が告げられます。いよいよ刑が執行される直前に、『留魂録』を書いているのですが、その中に、

「今日死を決するの安心は四時の順環に於て得る所あり」との記述があります。

処刑されるのに、どうして「安心」という思いが出てきたのでしょうか。

今日、私が死を目前にして、平穏な心境でいるのは、春夏秋冬の四季の順環という事を考えたからである。農事で言うと、「春種し、夏苗し、秋刈り、冬蔵す」、収穫期を迎えて、その年の労働が終わったのを悲しむ者がいるというのを聞いたことがない。

私は三十歳（数え）で生を終わろうとしている。未だ、事を成し遂げることなく死を迎えると捉えれば、自分の人生は惜《お》しむべきことかもしれない。

だが、私自身は、そうは思わない。

なぜなら、人の寿命には定まりがないからである。

十歳にして死ぬものには、その十歳の中に自ずから四季がある。

二十歳には自ずから二十歳の四季が、三十歳には自ずから三十歳の四季が、五十、一〇〇歳にも自ずから四季がある。

私は三十歳、四季はすでに備わっており、花を咲かせ、実をつけているはずである。それが単なる籾殻なのか、成熟した栗の実なのかは私の知るところではない。

もし同志の諸君の中に、私のささやかな真心を憐み、それを受け継いでやろうという人がいるなら、それはまかれた種子が絶えずに、穀物が年々実っていくのと同じで、収穫のあった年に恥じないことになるであろう。

同志諸君よ、このことをよく考えて欲しい。

（古川薫著『吉田松陰　留魂録』）

四時の順環から得た覚悟、凄いものを感じます。思うに誠意をもって精一杯生きてきた自分の姿をみて、きっと自分の志を引き継いでくれる人が出てくるだろうという願いと信頼がこめられていると感じます。安倍元総理の葬儀の際、昭恵夫人がこの話をされたそうですが、安倍元総理の生き方を述べたのではないかと思います。それはまた、我々日本人自身が心しなければならないことだと思います。

松陰神社内にある松下村塾（東京都世田谷区）

士規七則　毅甫加冠に贈る

士規七則とは、松陰先生が従妹の彦助（玉木文之進の子供）の元服（現在の成人式）に際し、獄中から武士の心得・生き方を七つにまとめて贈ったものです。

元は漢文で書かれていますが、現代風に読めば次のようになります。

冊子を披繙《ひはん》せば、嘉言《かげん》林の如く、躍躍として人に迫る。顧《おも》ふに人読まず、即《も》し読むとも行はず、苟《まこと》に読みて之を行はば、則《すなわ》ち千萬世《せんばんせ》と雖《いえど》も得て尽すべからず。

噫《ああ》、復《また》何をか言はん。然りと雖も知る所有りて、言はざること能はざるは、人の至情なり。古人これを古《いにしへ》に言ひ、今我これを今に言ふ、亦なんぞ傷《いたま》む。士規七則を作る。

一、凡そ生まれて人たらば、宜しく人の禽獣《きんじゅう》に異なる所以を知るべし。蓋《けだ》し人には五倫有り、而して君臣父子を最も大なりと為す。故に人の人たる所以は忠孝を本と為す。

一、凡そ皇国に生まれては、宜しく吾が宇内《うだい》に尊き所以を知るべし。蓋し皇朝《こうちょう》は万葉一統にして、邦国の士夫、世々禄位を襲《つ》ぐ。人君民を養ひて、以て祖業を継たまひ、臣民君に忠にして以て父志を継ぐ。君臣一体、忠孝一致なるは、唯吾が国を然りと為す。

一、士の道は義より大なるは莫《な》し。義は勇に因りて行はれ、勇は義に因りて長ず。

一、士の行は質実欺《あざむか》ざるを以て要と為し、巧詐《こうさ》過《あやまち》を文《かざ》るを以て恥と為す。光明正大、皆是れより出づ。

一、人、古今に通ぜず、聖賢を師とせずんば即ち鄙夫《ひふ》のみ。読書尚友《しょうゆう》は君子の事なり。

一、徳を成し材を達するには師恩友益《しおんゆうえき》多きに居る。故に君子は交遊を慎む。

一、死して後已《のちや》むの四字《よじ》は言簡《げん》にして義該《ぎひろ》し。堅忍果決、確乎として抜くべからざるものは、是を舎《お》きて術《すべ》無きなり。

右、士規七則、約して三端と為す。

曰く、志を立てて以て万事の源と為す。交を択《えら》びて以て仁義の行を輔《たす》く。書を読みて以て聖人の訓を稽《かんが》ふ。と。

士、苟《まこと》に此に得ること有らば、亦以て成人となすべし。

要約すると次のようになります（私の解釈です）。

書物には人を感嘆させる言葉が溢れるほどあるのに、人々は書を読まず、読んだとしても実行しない。読んで実行したならば、千年万年かかっても時間が足りないほどあるのに、残念である。改めて言う必要はないかもしれないが、知ったことを話さずにはおられないのは、人の心の奥底にある思いである。それが分かるがゆえに、故人は知ったことを人に伝えてきたし、私もそれに見習って今に言いたい。なので、ここに士規七則を作る。

一、人と禽獣《きんじゅう》の異なることを知りなさい。人の人たる理由は忠孝を基とし、特に父子の親《しん》と君臣の義を大切にしなさい。

一、日本に生まれたからには、日本の偉大なる所を知りなさい。君臣一体、忠孝一致という考えは日本にしかない特徴である。

一、士の道として、義より大切なことはない。義を行うには勇が必要であり、勇は義によって高まっていく。

一、士の行いは、質実に生きることであり、人を欺《あざむ》いたり嘘をついたりするのは恥である。公明正大は皆これが基準となっている。

一、聖賢を師として学ばなければ、立派な人物にはならない。読書に励み良き友を持ちなさい。それが君子の生き方である。

一、徳を身につけ立派な人物となるには、師の教えや友との切磋琢磨があって可能になる。故に君子は交遊を大切にする。

一、死して後に已《や》むの四字（死ぬまで努力を惜しまない）は、簡単な言葉だけれども、何事にも動じなく生きていくには、この言葉を措いて他には無い。

この士規七則は、要約すれば三つになる。

・志を立てて生きることが、万事の源である。

・良き友を選んで付き合うことが、自分の仁義の行いを輔《たす》けてくれる。

・聖賢の書を読んで、聖人の教訓を自分のものとするように励め。

士たる者、もしもこれらを実践したならば、立派な武士、立派な日本人になるであろう。

いかがでしょうか。これは元服の祝いに贈った意味を考えると、現代の我々にこそ必要な言葉ではないでしょうか。

海の武士道

日本人があまり知らない、敵兵イギリス兵四二二名を救助した、日本海軍「雷《いかづち》（艦長工藤俊作）」の実話です。

天皇皇后両陛下がイギリスを訪問された平成十年五月、イギリス政府と国民は歓迎の意を表し、天皇陛下はエリザベス女王と馬車に乗ってロンドン市民の歓迎にこたえられた。

しかし、このパレードに背を向けた人たちがいた。彼らは、第二次世界大戦で日本の捕虜になりその扱いに抗議し、日本政府に賠償と天皇陛下に謝罪を要求したのです。

戦争に関わっていない現在の天皇に謝罪を要求することへの疑問、さらには元捕虜に対する賠償問題は退役軍人にちゃんと年金を払わないイギリス自体の問題だなど、様々な意見が噴出し、両陛下のイギリス訪問が反日運動を起こすきっかけになるのではないかとの不安が巻き起こりました。

そんな怪しい空氣を一掃するような投稿がロンドンのタイムズ紙に掲載されたのです。その投稿は、元イギリス海軍士官サムエル・フォール卿（投稿当時八十六歳）でした。

フォール卿は、大戦中のスラバヤ沖海戦で、日本海軍に撃沈された巡洋艦から海に放り出され漂流中のところを日本海軍「雷」に救助されたのでした。このときの体験をタイムズ紙に投稿し、敵兵救助を決断した日本の武士道を賛美し、その国の元首を温かく迎えようと国民に呼びかけたのです（『産経新聞』）。

実は、この救助劇は歴史の表には出てこず隠れ続けていました。この事実を語る人が一人もいなかったからです。

日本海軍の駆逐艦「雷」が救助したイギリス海軍兵はフォール卿だけではありません。この時の戦いで日本艦隊は、英米欄の連合艦隊十五艘と戦い十一艘を撃沈しているのです。

その現場にたまたま通りかかった「雷」の見張りが、望遠鏡で遠方に漂流物を確認。その漂流物は敵将兵らしく、その数なんと四〇〇人以上との報告が艦長にされたのです。

艦長の工藤俊作は、次の瞬間「潜望鏡は見えないか」確認させると「見えない」との返答に対して、救助を命令した。この海域には敵の潜水艦がおり、前日には味方の輸送船が攻撃を受けて沈没した危険海域だった。敵の潜水艦七艘を撃沈されたが、安心はできない。

艦長の命令に従い「雷」の乗員二二〇名は敵兵の救助活動を行い、乗組員のほぼ倍の四二二名を救助したのでした。

これは、壮絶な救助行動だったようで、救助活動中は敵も味方もない懸命な活動だったという。「雷」の甲板は救助されたイギリス兵で埋め尽くされました。撃沈された際に流れた重油が体中をまとわるのを日本兵は丁寧にアルコールでふき取り、シャツと半ズボンと運動靴を支給し、熱いミルクと、ビール、ビスケットなどで接待しました。

その後、イギリス海軍の二十一人の士官が集められた。工藤艦長は端正な挙手の敬礼をした後に流暢な英語でスピーチを行った。

「諸官は勇敢に戦われた。いまや諸官は日本海軍の名誉あるゲストである」と。

フォール卿は、これは夢ではないかと何度も手をつねったといいます。

フォール卿がタイムズ紙に工藤氏の実名を上げて投稿したのには、ある願いがあったからです。ずっと工藤氏の消息を探し続けたがつかむことができなかったのです。彼は「人生の締めくくりに」と来日し、工藤氏の墓参と家族への感謝の氣持を伝えたかったのですが、消息が全く分らず離日したのです。

その際、『敵兵を救助せよ！』の著者恵隆之介氏（元海上自衛隊）に墓と遺族を探してくれるように依頼した。恵氏はその約束を果たすべく丹念に工藤氏の足跡を辿ったのです。

この救助劇は工藤氏自身、夫人にも話をしていませんでした。また工藤氏が敗戦後は自衛隊関係の仕事に就くことなく、静かに語らずこの事実を公にしませんでした。

工藤氏が語らずとも、これだけの功績が少しも漏れなかったのは不思議ですが、最大の不思議は、一生恩を感じて生きたフォール卿が何度も工藤艦長の功績を公にしながら、日本のマスコミが一度も取り上げなかったことです。

特に両陛下が訪英されたときのタイムズ紙の投稿には、当然氣付いていたはずで、わざと取り上げなかったのではないかと思うほどです。

読売新聞も朝日新聞も工藤艦長に関する記事は一行も載せていません。産経新聞だけが恵氏の取材結果を紹介する形でこの功績を戦後六十周年の連載記事中で紹介しています（二〇〇五年九月）。

工藤艦長の救助劇は、恐らく世界の歴史の中でもまれなことです。この事実を日本国民が知ったなら、どれだけ励まされたか分らない。戦後すぐでももちろんそうでしょうが、十年後、二十年後、三十年後でも同様です。それが六十年を経過後も日本のマスコミと出版界に一切登場しなかったというのは、たまたまではないはずです。日本を悪者にすることには一生懸命の日本のマスコミ、こうした風潮は今でも日本にあるのは本当に困ったものです。

念願叶ってフォール卿は、平成二十（二〇〇八）年十二月「工藤艦長墓前祭」に参列し、工藤艦長への思いを果たすことができました。

（『敵兵を救助せよ！』恵隆之介著　草思社刊　参照）

武士道を貫いた「横川省三」・「沖禎介」

これも、多くの日本人が知らない話だと思います。

日露戦争が勃発して十一日が経っていた。時は明治三十七年二月二十日、四十数人の日本人男性が極秘裡に集まっていた。青木宣純大佐は、祭壇に黙礼したあと、

「諸君の命は確かにもらった。諸君は陸上の水雷だ。火薬とともに爆破さるるも辞さぬであろう。武運長久を祈る。

今宵ここに訣別の杯を上げる。

誰がいつどこで殺さるるとも明二月二十一日を以って諸君の命日と決めておく」

日露開戦にあたり、一死奉公を誓った勇士であり、民間人で、三十九歳の横川省三は、その中の最年長者であった。彼ら第一班に与えられた任務は、東清鉄道のトンネル、陸橋などの爆破である。膨大な物資が、その補給生命線たるシベリア鉄道・東清鉄道を寸断することには、極めて重大な戦略的な意味があるのだ。ロシア軍の警戒も厳重を極めていた。

横川と行動を共にする沖禎介と計六名であった。全行程約一、二〇〇㎞、ラマ僧に身をやつした六

名の、人跡稀な満洲の荒野の雪中行軍が、いつ果てるともなく続いた。一行は天幕を張り、早速準備にかかった。横川と沖二名が天幕内で準備をしていたところ、ロシア軍警備兵の一隊に臨検を受け、二人はラマ僧で押し通そうとするも怪しまれ、ロシア軍駐屯地に連行された。捜索で爆薬や拳銃も発見され、横川・沖の身分は露見。

ロシア軍法会議開廷。

検事：階級および位階勲等は？

横川：われら両人は軍人ではない。無位無冠の一日本臣民である。

検事：軍人の籍にあらざる者がかかる行為をなすとは思われぬが？

横川：否、日本人たる者は一人として国を思わない者はない。軍籍にあると否とを問わず、われら畏れ多くも天皇陛下のご命令とあらば、いかなる任務であろうとも生命を投げ出して忠を尽くすのが日本臣民である。

検事：汝らはいかなる目的を持ってこの地に入ったのか？

横川：目的はロシア軍隊の大輸送を妨害せんがため、東清鉄道の鉄橋および線路を爆破するにある。

検事：根拠地の指揮官の姓名は？

横川：命にかけて言えぬ。

検事：それを告白するなら刑を半減してやるがどうだ？

横川：われらは日本人である。ここに武運つたなく捕えられたからには、もとより死は覚悟の上である。日本人にとって死生は論ずるところではない。天皇陛下の御為、お国の為なら女子供にいたるまで生命を惜しむ者など唯の一人もいない。我らはいかなる極刑をも喜んで受ける。しかしながら日本軍の機密に関することは断じて言わぬ。

……即日、二人に絞首刑の判決が下った。軍人でないことを明らかにした以上、捕虜としての待遇は受けられず、間諜（スパイ）として絞首刑にする、というのである。

これに対し、横川は異議を申し立てた。しかしそれは罪一等を減じてほしい、というものではなく、軍人に対する礼をもって、われらを銃殺にしていただきたい、というものであった。

裁判長は休廷を宣し別室で判事とともに協議をしていたが、後刻開廷、なんと判決は改められたのである。驚くべき判決だった。

裁判長：横川、沖両名は銃殺刑に処す。尚本議は横川、沖の勇敢なる行為と戦時国際法の精神を酌み、死一等の減刑を請願し捕虜として拘置せられんことを決議す。

わかりやすく言えば、当法廷は被告二名に銃殺刑を申し渡すが、付帯意見として、以下を付け加える。曰く、判決の最終決定者であるロシア軍総司令官（アレクセイ・ニコラエビッチ・クロパトキン陸軍大将）におかれては、両名を死一等を減じ、捕虜として遇せられんことを願う、というものであった。

横川、沖の、死を恐れない凛とした態度に、軍法会議の出席者、新聞記者、傍聴人など、誰一人心を打たれない者はなかった。傍聴していたドイツの観戦武官は、ロシア軍士官の前でこう述べたという。

「こんなことを言うのは氣の毒だが、日本軍にこのような人物が多数あるとすれば、いかにロシア軍が優勢であっても、とうてい勝ち目はないであろう。」

かくまで惜しまれた両名であったが、翌日、クロパトキンが下した最終決定は「銃殺刑」であった。

四月二十一日、死刑執行の日を迎えた。横川の独房を訪れたドウンタン大佐に「なにか言い残すことはないか」と尋ねられ、横川は、愛娘横川律子（当時十七歳）、横川勇子（当時十歳）宛ての遺書を託した。その遺書の末尾には、横川本人の筆跡でこんな文言が付け加えられていた。

「この手紙とともに五百両を（娘達宛てに）送らんと欲したれども、総て露国の赤十字社に寄付したり」

驚いたドウンタン大佐は、遺されるご家族に送られるのがよいのではないか、と念を押したのであったが、

「貴官がそうお思いになるのももっともです。しかし我らの天皇陛下は、決して我らの遺族をお見捨てになりません。なにとぞ、お納め願います」

横川と沖が、その所持金すべてをロシアの赤十字社に寄付したことは、たちまち多くのロシア軍将兵の知るところとなった。

その日の夕方、二人は刑場へと送られた。そこには、ロシア軍将兵のほか英米独仏等列強諸国の観戦武官、各国新聞記者、一般のロシア人などが詰め掛け、黒山の人だかりとなっていた。

今日処刑される二人の日本人が、あろうことか大枚の所持金を、故国に待ついとおしい家族に遺すのではなく、戦争相手たる敵国ロシアの赤十字社にすべて寄付したことに驚嘆し、その姿を一目見ようと集まってきたのである。刑場には二本の柱が立っていた。

その前に立った二人は、はるか彼方に祖国を、そして皇居を望む東南の空に向かい遥拝した。やがて兵士が近付き、二人を柱に縛りつけようとした。しかし彼らは、武人の端くれとして、縄目の辱めを受けることを断固拒絶した。

それでも縛れ、という声を出す者は、誰もいなかったという。

「射撃用意！」

執行官シモノフ大尉は十二名の射撃手に命じてから、少し声を落として言った。

「愛をもって撃て」

二人が苦しまないよう正しく心臓を狙って撃て、という指示である。

シモノフ大尉にとって、目の前にいる異国から来た二人の死刑囚は、真に畏敬すべき存在だった。

最後に二人は両手を高々と挙げ、声をそろえた。

「天皇陛下万歳！　大日本帝国万歳！　日本軍の大勝利万歳！」

その声が終わる前、満洲の荒野に十二発の銃声がこだました。

時に横川省三　三十九歳、沖禎介　二十九歳であった。二人の日本人捕虜の最期の様子は、口伝で各地のロシア軍将兵の間に伝わり、彼らに日本人に対する畏怖の念を植え付けた。

あの横川、沖のような、死をも恐れぬ男達が、特別任務を負って多数満洲各地に潜入し、破壊活動に邁進している……。

それは、ロシア軍にとっては悪夢以外のなにものでもない。ロシア軍は、主決戦場に配する予定であった数個師団を、東清鉄道沿いに配置し直さざるを得なくなったのである。

あの年から三十年後の昭和九年、横川の遺児で岩手県盛岡に住む長女の律子のもとに、一人のロシア人の老人が訪ねてきた。

その老人は、シモノフと名乗った。誰あろう、横川省三、沖禎介両名の死刑執行官を務めた、あのシモノフ大尉（当時）その人だったのである。

齢六十代も半ばを過ぎた白髪のシモノフは、律子と対面するや、「おおっ」と声を上げた。

「私はいつの日か、お父さんの立派なご最期の様子を直接お伝えしようと思って今日の日まで待っていたのです。あなたと会えてこんな嬉しいことはない」

律子の肩に手をかけたシモノフは、両眼から大粒の涙をこぼしながら言った。

日本男児「白洲次郎」

日本は昭和二十年八月十五日、連合軍に対し降伏し、九月二日東京湾上の戦艦ミズーリ艦上で全権・重光葵（日本政府）、梅津美治郎（大本営）が連合軍代表を相手に降伏文書の調印式を行った。それにより日本は、直ちにアメリカを中心とする連合軍の占領下に入った。

マッカーサーは昭和二十年八月三十日、神奈川県の厚木海軍飛行場に到着、以後昭和二十六年四月十一日まで連合国軍最高司令官総司令部（GHQ／SCAP）の総司令官として日本占領に当たった。

そのマッカーサー元帥に「我々日本は、戦争に負けたが奴隷になった訳ではない！」と一喝した誇りある日本人こそが「白洲次郎」です。

私が、日本の歴史上で一番好きな男（カッコいい男）を順番に上げるなら一番目に「白洲次郎」、二番目に「織田信長」、三番目に「坂本竜馬」、四番目に「東郷平八郎」、五番目に「上杉謙信」です。

ある雑誌の投票でもダントツ一位は白洲次郎です。ところが今の若者は、白洲次郎を殆ど知らない。

そこで私の大好きなカッコいい日本男児「白洲次郎」の宣伝をしたいと思います。

彼は、兵庫県芦屋の富豪・白州商店の御曹司。イギリス・ケンブリッジ大学を卒業し、イギリス流の紳士道を身につけました。身長一八〇㎝（ちなみに私も一八〇㎝）のいい男で、死ぬ間際までスポーツカーを乗り回していたようです。

戦後占領下である昭和二十年八月の敗戦から、昭和二十六年九月のサンフランシスコ講和会議までの六年間、日本は独立国でなく、連合国軍総司令部（ＧＨＱ）が日本を支配していました。その最高司令官であるマッカーサーが、最高権力者だったのです。

昭和二十年九月二十九日、新聞の一面に、昭和天皇陛下とマッカーサー司令官の二人が並んだ記念写真が掲載されました。正装の昭和天皇に対し、マッカーサーはノーネクタイ（中学校の歴史の教科書にも掲載された）。

日本国民に大きな衝撃を与えました。これにより日本人は自信を失い、ＧＨＱの顔色を見ながら行動をするようになったと言っても過言ではありません。

そのような時に白洲次郎は、吉田茂外務大臣の要請で終戦連絡事務局参与となり、ＧＨＱとの交渉にあたりました。彼は筋を通し、一歩も退かなかった。ＧＨＱは舌を巻き、「従順ならざる唯一の日本人」とアメリカ本国に連絡した程です。

こんな話が残っています。昭和二十年のクリスマスの日に昭和天皇陛下からのプレゼントをマッカーサーに白州次郎が届けた。部屋のテーブルの上はプレゼントでいっぱいだった。マッカーサーは床のどこかに置いていけというという仕草をした。すると白洲次郎は

「畏れ多くも、天皇陛下の贈り物である、床に置けるか！」

と怒鳴りつけた。驚いたマッカーサーは、急いで新しい机を運ばせその上段に置いた。近くに居た参謀が「白洲さんの英語は大変立派な英語ですね」とお世辞を言った。これに対して、白洲次郎は「あ

なたもう少し勉強すれば立派な英語になりますよ」と答えたという。

日本人が歴史上最も自信を喪失した時期、戦勝国に対し日本人の氣概を示した人物が白洲次郎でした。連合国軍総司令官に一喝したこの姿こそ、まさに「日本男児」と言えます。

白洲次郎が関わった日本国憲法で有名な話がある。昭和二十年十二月白洲次郎は「終戦連絡事務局」参与に就任し、連合国軍との交渉の窓口となりました。

昭和二十一年二月連合国軍民政局長ホイットニー准将が外務省を訪れ当時の吉田茂外務大臣と白洲次郎に「日本が作成した憲法草案は受諾できない。ＧＨＱが作成した草案を採用するように」と要求し、十五部の憲法草案を日本側に渡した。日本の憲法草案をアメリカがつくるというのである。日本側は愕然とした。しかも、他の連合国から天皇を戦犯として取り調べよとの圧力がかかっていた。一方マッカーサーは、天皇を守ろうとしている。

この憲法草案を日本が受け入れれば、天皇は安泰ということです。

白洲次郎は翻訳者とともにホイットニーに呼び出された。そして、ＧＨＱ内の一室において、一晩で憲法草案の全文を日本語に翻訳するよう要求された。

結局、翻訳には三日かかったが、白州次郎らは一睡もせずこの大仕事を成し遂げた。天皇の地位は、英文の草案では「シンボル　オブ　ステーツ」になっていた。「シンボル」をどう訳するか、連合軍は白洲に聞いた。白洲は「象徴」であると云った。

日本国憲法第1条の「天皇は日本国の象徴であり……」という日本訳は、このようにして決まったという。

白洲次郎も、憲法に関してはＧＨＱの強硬姿勢に従わざるをえなかった（天皇安泰の為に）。白州次郎は死の直前まで憲法改正を熱望していた。「我々の手で憲法を創り、我々の憲法がほしい」と。

戦後処理が一段落すると、白洲次郎は政治の場からさっと身を引き、東北電力会長、大沢商会会長、大洋漁業や読売テレビ社外役員などを歴任した。老年期に入ると「軽井沢ゴルフ倶楽部」理事長となりました。イギリス時代からゴルフに親しんでいた白洲次郎は、英国風のゴルフ場を築き上げるために情熱をそそぐとともにマナーを守る客には礼儀正しく、一生懸命働く者には優しかった。

「葬式無用　戒名不用」という簡単な遺言を残して世を去った……。

子供は
国の
宝
捷兵
捷

第五章　日本文化の継承

什の誓

ならぬものはならぬものです

谷口博昭

日本人本来の生き方・信仰・心情

日本人が古来より受け継ぎ守り続けてきた本来の生き方、信仰、心情の根本など十七項目（言葉）を挙げてみます。

(1)「神ながら（の道）」

神を畏《かしこ》み、敬《うやま》い、信じ、仰ぎ随い、わが身を慎み、神に感謝し、委ね、お任せする生き方、心が「神ながら（の道）」であり「まこと（の心）」です。

これが日本人本来の生き方、信仰であり、日本人の倫理道徳の根本になっています。日本人の道徳は結局、「神ながら」「まこと」につきます。

「まこと」を漢字で表せば誠・実・真・真事・真言です。真心、至誠であり、嘘、偽り、飾りなき正直な心であり、清らかな明るい心です。

つまり「まこと（の心）」とは神の心であり、神から出てくる心である。従って「神ながら」と「まこと」は同じ意味です。

この「神ながら」と「まこと」の中に、忠も孝も仁も義も全て包含されています。「言挙げせぬ」民である日本人は、シナ人の様に倫理の徳目を細かに立てなかったが、口先でやかましく論ぜず「神ながらまことの道」一筋に身をもって実践してきた民族なのです。

かくのごとく日本人が最も大切にしてきたのは、まこと・至誠であり、殊にそれは国史上の偉人たちの生き方に貫かれています。神とまことの関係をのべた和歌を二つ掲げます。

心だにまことの道にかなひなば祈らずとても神や守らむ　菅原道真

目に見えぬ神に向ひて恥ぢざるは人の心のまことなりけり　明治天皇

二宮尊徳は「至誠則ち神」と述べ、西郷隆盛は「天下後世までも信仰悦服《えっぷく》せらるるものはただこれ一個の真誠なり」と述べています。吉田松陰は「至誠にして動かざるものはいまだこれあらざるなり」（『孟子』）を信条とし、「誠を天地に立て心を道義に存す」と弟子達に教えました。

（2）ありがたい・ありがとう

日本人は神を中心にして生きてきた民族です。神の偉大な生命力こそ人間がこの世に生きてゆく根源と考え、神に深い畏敬と感謝の心をもって日々を生きてきました。

それが「ありがたい」「ありがとう（ございます）」の言葉であり、我々の日常生活で最もよく使われています。

江戸後期、教派神道の一つである黒住教を立てた黒住宗忠はわが国宗教界の最もすぐれた高徳の一人ですが、その教えは神への感謝を根本にすえており、こう述べています。

「日々刻々ありがたいと念じ唱えること」

「くれぐれもありがたきと申すことを忘れざること」

「ありがたきことを一筋に思い、万事神様にお任せ申し上げ、これにて何事も氣遣いなしと疑いを離れ候えば、直ちにおかげは目の前に顕れ申すべく候」

「何事も何事も一切天（神のこと。筆者註）にお任せ候わば、まことにもまことにも不思議に参り候ものと存じ奉り候」

まさに「神ながらの道」そのものの教えであり、神への全き帰一と感謝を説き、「離我任天（おまかせの意味）」とも言っています。

(3) おかげさま

ありがたい、ありがとうと同じ意味ですが、全てのことが神の大いなる生命、力、働き、恩恵により人々は生かされているという意味です。祝詞にある「天の御蔭・日の御蔭」から出ており、今日最もよく使われている言葉です。

(4) 畏《かしこ》し・畏む（畏まりました）・畏れ多い

神と天皇に対する畏敬の心です。そこから発して長上、目上、尊敬すべき人、そして他人への尊敬、随順の心、態度を表す言葉となりました。これまた日常頻繁に使われています。女性の手紙の末尾（かしこ）にも書かれます。

(5) まつり（祭・祭祀）・まつる（祭る）

まつり（祭・祭祀）は、新嘗祭（にいなめのまつり・しんじょうさい）・大嘗祭（おおにえのまつり・

だいじょうさい）を始めとするまつり・祭祀こそ神国日本の存立にとって不可欠の根底であり、天皇の最も重要な責務です。また家々における祖先の霊魂祭（正月、盆、彼岸等）は日本人の生活の根本です。まつると同様の言葉に、「おがむ（拝む）・おろがむ」「いつく（斎く）」があります。

（6）まいる（参る）

神社、仏寺に参詣することであり、尊い身分の人、長上、目上、そして他人の前に参上することを意味します。これも日常ふだんよく使われています。神仏、天皇始め尊貴な存在、偉大なるものを仰ぎ憧れ頭を垂れて仕える、降参する心です。

日本人はことにこの心が深い。武道において技倆の上回る相手に「参りました」と言う。また男子が立派な女子に敬慕親愛の情を抱いた時、「俺は彼女に参った」と言ったものです。素晴らしい言葉で日本精神そのものです。

以上（1）から（6）はいずれも神ないし仏・天皇・天地自然を対象とする言葉で、神を畏敬し自己を慎み神にひたすら感謝して生きる日本人の心情と生き方、信仰生活の根本を示す最も重要な大和言葉です。

（7）むすび（産霊）・むすぶ

これも代表的な大和言葉であり、「縁結び」とか「おむすび」の言葉は日常よく使われています。『古事記』冒頭にある最も重要な神が、天之御中主神、高御産巣日神、神産巣日神です。天地自然の万物一切の存在の創造の根源がこの三神であり三神は一体です。この三神の創造、生成、造化の霊妙な働きを日本人は「むすび」とよびました。「むす」とは生す、産す、生まれることです。また、蒸すであり、火と水つまり陽と陰の働きで新たな生命を生み出すことです。「ひ」は、日・火・霊であり、人類と万物の生命の根源をさす言葉です。人間はこの霊より成れるものなので、霊止（人）・霊子（男）・霊女（女）といいます。

またむすびの創造力、陰陽の生成力により人は生まれるので、むすこ・むすめといいます。

神道とは別の言葉で言えばむすび信仰であり、日本人は何よりむすびの精神を大切にしてきました。むすびの精神の最もすぐれた言語的表現こそ和歌です。「敷島の道」「言の葉のまことの道」である和歌は、むすびの精神そのものです。すなわち和歌は、天地自然と人間の一体の感情、死者と生者の絆、親子、夫婦、男女、人と人が互いを深く思いやる心情、また尊皇愛国の至情を歌っています。

人間は西洋的な近代的人間観がいう如き、他者と断絶した個々別々の孤立した存在では決してなく、天地自然、死者、他者そして国家という共同体と本来深く「結び合っている」存在であることを、日本人は和歌という至上の文学的形式により見事に美しく表現したのです。

（8）もったいない

すべてを神、天地自然、人々の恵み、賜物として感謝してものを大切にする心です。大量生産、大量消費の時代となり、人口が益々増加するに従い資源が枯渇してゆく中で、「もったいない」の精神は今こそ日本のみならず世界で必要とされています。

（9）お天道（おてんとう・おでんとう）様

天道とは神、太陽のこと。また天地自然の道。日本人は「お天道さまが見ている（見てござる）」

といって、神への畏敬と慎みの心を忘れませんでした。

(10) 恩(恩恵・恩義)

人間は神仏、天地自然、天皇、国家、社会、祖先、親、家族、人々、万物から限りない恩恵を受けて生かされています。「四恩」とは、天地・国王・父母・衆生(人間その他一切の生物)の恩恵です。二宮尊徳は天・地・人の恩恵を徳とよび、徳に感謝しこれに報いることが人間の根本の道と説いて多くの人々を導きました。恩に相当する大和言葉は、「おかげ」「めぐみ」「うつくしび」です。

(11) 義理

恩のあるところ義理が生じます。人が国家、世間、人々から受けている恩恵・恩義に対してこたえ報いるべき大切な人の道、義務、道義が義理です。「義理と人情」といわれどちらも大事ですが、日本人は一大事、重大事においては義理を優先しました。「義理と人情をはかりにかけりゃ義理が重たい男の世界」です。

芝居、演劇の王座をしめる忠臣蔵の赤穂四十七士は断ちがたい家族の情愛の絆を涙をふるって断ち、武士の義理、道義、義の世界に生きそして死んだわけですが、「赤穂義士」として後世に不滅の美名を残しました。「義理」という精神感情がかくも日本人の血肉と化したのは、結局「神ながらまことの道」が根底にあるからです。

⑫ 人情

なさけ（情）・いつくしみ・思いやり・やさしさ・慈悲・仁愛・愛情・同情です。いずれの民族またいずれの宗教・道徳（仏教は慈悲、キリスト教は愛、儒教は仁等）でも重要とされますが、殊に日本人は「情の民族」であり、この心性感情は深いです。武士道では「武士の情」といわれ、敵・敗者に対して思いやり、同情と礼節を以ていたわりました。

恩も義理も人情も漢字ですが、今日のシナでは全く死語となり果てました。この三つは日本人の国民性の中核を形成する日本語となって久しい。

⑬ 和

神仏、祖先、自然を敬い、人々、集団、共同体の和合、協調、調和、共存共栄を尊重する精神です。日本人ほど争いを忌み和を重んじてきた民族はいません。

和とはむすびの精神にほかなりません。日本人は「やまと」の国号に「大和」の文字をあてました。和は聖徳太子の教えでもあります。

シナの国家社会は和と対極の不和・不信・闘争・戦乱・革命の歴史の連続でした。和の漢字も結局日本においてこそふさわしいものとなりました。

⑭ 慎み

神を畏敬する心はすなわち自己を空しくする心であり、自己を慎む心です。日本人は敬の字をうやまうとも、つつしむとも訓読みしました。

「神ながらのまことの道」に立つがゆえに、古来日本人は自我を強く主張せず自己を制御あるいは没却し、相手を思いやる心、敬う心、謙譲、謙虚、恭敬の心をもって生きてきました。

世界の民族で最も豊かにこの心を持つのが日本人です。私利私欲の自己中心的生き方は「明き浄き直きの誠の心」の対極の汚れたきたない生き方なので、日本人はこれを忌み嫌いました。

⒂ 恥（を知る）

慎みの心はまた恥を知る心、廉恥心（恥を知り清く正しく生きる心）です。武士道において最も大切にされた徳目の一つです。

⒃ 分を知る・分相応・身のほどを知る

分とは身のほど、身分、分限ということです。自分が国家、社会、家族、組織体等においていかなる立場にあるかをわきまえて、「身のほど」を知りその立場に応じた「分相応」の適切な振舞をすることが「分を知る」です。これも神を敬う慎みの心から出ています。

⒄ 耐え忍ぶこと

長い人生において人々と交り世間を渡る際に心すべきことが堪え忍ぶこと（堪忍）、忍耐、辛抱です。その為に必要なことが自己の感情の抑制と言葉を深く慎むことです。それには長年の修練が必要です。先人は「ならぬ堪忍するが堪忍」と教えました。

代表的大和言葉の中に、日本人独特の信仰、心情、生き方、あるいは日本的な思考哲学が確固として存在していることが明らかです。

日本は、世界で女性を一番大切にする文化を持っている

日本の総鎮守に当たる神社は、伊勢神宮です。祀られたのは今から約二千年前、その内宮の御祭神は、天照大神様で女性の神様です。皇室のご先祖様でもあり日本の中心的存在である神様は女性なのです。それをみんなが崇める。こうした歴史的背景により自然と女性を大切にする文化が育まれました。

日本女性の活躍も素晴らしい。平安時代に枕草子を書いた清少納言、源氏物語を書いた紫式部の二人は女性です。この時代（千年前）には、日本以外世界のどの国を探してみても女性が文字の読み書きの出来る国はありません。この時代の女性が、読み書きが出来たのは日本だけです。

さらに女性作家というのも世界に類がないのです。これは、日本人として誇るべきことです。また『母国・母校・母港』という単語をみると「母」という字が上にきている（父国・父校・父港とは言わない）亭主《ていしゅ》関白《かんぱく》という言葉があるが、男性は、いくら出世しても「関白」止まりです。

一方女性は「かかあ天下」、どうあがいても天下を取られたら従うしかない。その天下を握る女性を大切にすると商売は繁盛するという。

『始め』という言葉をみると「女」と「台」という文字から成り立っている、つまり女が台（ベース）になり『始め』になる。何事も基礎がなければ成り立たないように、女性がいなければ何事も始まらないのです。

日常の言葉の中にも、女性を大切にするという日本人の魂が込められていることを学びました。私も女房殿の内助の功によって今まで何度もピンチから救われた。毎朝私は女房殿に感謝の心を込めて「おはようございます！　今日一日よろしくお願いします」と挨拶をします。

私の一日は、女房殿への挨拶から始まるのです。

数えという日本文化

朝は、一日がスタートする大切な時間です。この「朝」という文字にも深い意味がこめられています。「朝」という字を分解すると、十月十日《とつきとうか》から成り立っています。十月十日とは、母親が受胎してから出産するまでの日数です。

日本では母親の胎内に生命が宿った時から子供の年齢を計算してきました。この世に生まれ出て産声をあげる子供の年齢を一歳と数えるのはそのためです。

それを「数え年」と言います。

ところが西洋では、子供がこの世に生まれた日から年齢を数えるのでゼロ歳です。

この様に西洋と日本では、命に対する考え方が根本的に違います。

仏教の世界では、母親の胎内にいる世界を胎蔵界《たいぞうかい》と言います。

人がこの世に誕生してからの世界を金剛界《こんごうかい》と言います。それを視覚的に表現したのが曼荼羅《まんだら》です。

胎蔵界曼荼羅、金剛界曼荼羅、その両方が一体となって魂は輪廻《りんね》を繰り返すのです。

お米は日本人の生命の根

小林一茶の句に「米国の上々吉の暑さかな」というものがあります。米国というのはお米の国という意味です。また「穀値段どかどか下がる暑さかな」という句もあります。穀値段の「穀」とは、私どもの命を養ってくださるお米のことです。

この句には五穀豊穣を願う人びとの氣持ちと、「今年もこうして暑いので、おかげさまで安心してご飯が頂けます、ありがとうございます」という感謝が込められています。

日本人はお米を「よね」といいます。人の名前でも、米沢さん、米川さん、米田さんなどがいます。なぜ米を「よね」というかというと、「よ」というのは「代」、つまり「君が代」や「千代に八千代に」の「よ」なのです。代とはすなわち生命のつながりを意味し、その生命の根が日本人にとってはお米なのです。

青少年教育は大人の責任

●よくある話ですが、逮捕した少年は補導暦もない普通の子で、近所の人の話によると「真面目で、挨拶もしっかり出来、いい子だった」という。教育熱心な親のもとで成績も優秀だったのに、何故こんな優等生が事件を起こしたのか？　しかし、ある意味では、優等生だからこそ大事件になってしまったと、言えるかも知れません。

●これらの原因の殆どが、子供に対して無関心な親、そして子供の心理を掴めない学校の先生達にあると思う。最も肝心な人物を忘れていた。近所の親父だ！

近年は、何かにつけ目を光らせ、注意してくれる近所のおっかない親父が居なくなりました。他人は他人、自分のみ良ければいいという考え方だから、子供が悪さしても見て見ぬふり、そんな大人達が蔓延しています。私の少年時代は、凄い親父が沢山いました。その怖いおじさん達が何時も何処でも見張っているような氣がしたものです。

●戦後の貧乏時代に育ったのが良かったと思うこともあります。物余りの今は、欲しい物は何でも手に入る。贅沢・我が儘、金儲け主義で権利ばかり主張し、義務を果たさない人間が多い。

特に今の学校教育には、ほとほとあきれてしまう。私達の頃は、校庭の草取りや石拾い、教室掃除をはじめとして、高学年は便所掃除。先生達と一緒になって作業をしたものです。今は、生徒が怪我をするから、やらせないという。

●青少年教育の原点と云うべき指導要綱が、会津藩にありました。会津武士の子は六歳になると、居住地域ごとに「什《じゅう》」という組織に入れられました。什とは「十人」を一単位とする組織のことで、地域ごとに八つに分けられていて、人数はまちまちであったようです。

この「什」には身分差別は全くなかった。例えばエリート坊ちゃんから無職浪人の子供まで、同じ待遇で扱われました。その「什」が何をするのかというと単なる「遊び友達」なのです。子供は毎日、当番の家に集まり、そして最年長の什長の指示に従って「什」の誓い（掟）というのを大声で復唱する。

「什の誓い」は次ページの通りです。

什の誓い

一、年長者の言うことには背いてはなりませぬ。
一、年長者にはお辞儀をしなければなりませぬ。
一、虚言（ウソ）を言う事はなりませぬ。
一、卑怯な振る舞いをしてはなりませぬ。
一、弱いものをいじめてはなりませぬ。
一、戸外でモノを食べてはなりませぬ。
一、戸外で婦人と言葉を交へてはなりませぬ。
一、ならぬ事はならぬものです。

●「戸外で話をしてはならぬ」という婦人は、母親、姉、妹にも当てはまり、全ての婦人であったようです。

何といっても締め括りの「ならぬ事はならぬものです」が良い。これが一段と厳しく全体をピシリと引き締めています。しかも、この「什の誓い」を破ったものにはちゃんとそれなりの制裁があったそうです。軽いのは「しっぺ」から、重いのは「シカト」まであり、幼いながらもしっかりと「罪と罰」を身につけさせられました。

こうして、会津の少年達は四年間を「什」で過ごし、十歳になると、藩校「日新館」へと入学していくことになっていました。会津の「什」と「日新館」の教育こそ、今の青少年教育に必要であると強く思います。

●青少年育成とは、大人が一方的に働きかけるものではなく、大人と子供の信頼関係を前提として、長期的な努力が必要です。少子化が進む中、数少ない国の宝である子や孫に、愛を集中させる親がいる一方で、他人の子供に対して寛容さを失い、子供教育にも無関心な親がいます。

この社会は、紛れもなく大人と青少年との共生社会です。子供達が立派な社会人として成長するには、大人達が青少年に対して、会津藩の「什の誓い」にある「ならぬ事はならぬものです」というルールを、徹底的に教え込むことです。

これこそ、我々大人達に課せられた基本的な責任ではないでしょうか。いずれにせよ近い将来、この日本を背負って貰わねばならぬ青少年なのだから。

少年たちの教育「郷中教育」に思う

一、負けるな

・いやな事、やりたくない事に負けるな

・つらい事、苦しいことに負けるな

・人のさそいに負けるな

二、弱いものを苛《いじ》めるな

・体の事を苛めるな

・出来ない事を苛めるな
・違った事を苛めるな
・よってたかって苛めるな

三、ウソをつくな
・した事をしないとウソをつくな
・出来ない事を出来るとウソをつくな
・人を喜ばせようとウソをつくな
・人のせいにするウソをつくな

●明治時代に、こんな話が残っています。イギリスのジョージ五世の戴冠式に明治天皇の代理で出席した乃木大将は、イギリス各地でボーイスカウトがすばらしい活動をしているのを目の当たりにして、戴冠式に同席していたイギリスの将軍に尋ねた。

「あのようなすばらしい青少年の組織をどうやって作ったのですか？」

イギリスの将軍は、笑いながら答えた。「あなたの国、日本の郷中教育を真似しただけですよ」。乃木将軍はその場は平静を装い、後刻調べた結果、次のことが分かりました。

●生麦事件でイギリス人が殺害されイギリスと薩摩の戦争になりました。薩摩は市街の多くを焼かれ、英軍は指揮官と副官を失い逃走しました。戦争は引き分けといっても英軍は指揮官を失い逃げたのだから薩摩藩の勝ちといってもよいのですが、大久保利通が率いる薩摩軍がしたことは、生麦事件の賠償金を払い、頭を下げて英国の優れた武力を学びたいと願いでたのです。それで英軍はすっかり薩摩びいきになり、意氣揚々と本国に帰ったそうです。

●ところが、生麦事件の賠償金は既に江戸幕府が払っており、二重取りしたことがタイムズ紙に大きく暴かれ、大問題になりました。

こうしたことがあって、英国人は日本に関心を持つようになり、じっと日本を観察しはじめたのですが、どうしても理解できないことがありました。

西郷隆盛や大久保利通といった優れた人物が、薩摩藩から多数出現して明治政府を作ったこと（西南戦争までは軍人や役人は薩摩藩出身者が大多数を占めていた）と、大山巖、東郷平八郎といった無数の優れた軍人が、なぜ出現したのかということです。

●イギリスは必死で研究して、薩摩藩には秀吉の時代から続いている「郷中教育」と呼ばれる教育制度があったことに着目したのです。

すると、西郷隆盛も、大久保利通も、大山巖も東郷平八郎も、この教育からうまれたことが分かったのです。当時一等国であったイギリスは「郷中教育」を研究して、ボーイスカウトの制度を創立した。同時に、日本国内では無理だろうと思われた日英同盟にも、イギリスは日本を尊敬していたので、快く応じました。そして、イギリス政府は日露戦争時に、植民地に寄港するバルチック艦隊に対して、非協力な態度を取ってくれました。その後も、ロシアとの交渉で、裏から日本を援助したのです。

●日本の長い歴史の中で、明治期の薩摩ほど多くの優れた人物を生んだ例は極めて少ない。代々藩主が優秀であったことも事実です。イギリス人が結論付けたように、その根底には教育制度、しかも、優れた制度があったからです。

大山巖元帥が日露戦争において総司令官として勝利し、日本を一等国にしたのも、この教育方針があったからといっても過言ではありません。

●「負けるな、弱いものいじめをするな、嘘をつくな」……これらの言葉は、今の社会に、最も必要です。

西郷隆盛と大久保利通という薩摩の偉大な指導者の後、長州出身者が活躍・活動し、伊藤博文が西欧の憲法を学び、明治憲法を制定しました。

今の教育にこそ会津藩の「什の誓い」や薩摩藩の「郷中教育」が必要ではないか。教育は「国家百年の計」です。未来の日本の為に！

識字率世界一の日本

日本の識字率は、数百年に亘って世界一を誇っていました。

江戸時代の幕末期においては、武士はほぼ一〇〇％読み書きができ、庶民層でも男子で四九～五四％は読み書きができていました。同時代のイギリスでは下層庶民の場合、ロンドンでも字が読める子供は一〇％に満たなかったそうです。

江戸時代の日本は、庶民の就学率、識字率はともに世界一でした。

嘉永年間（一八五〇年頃）の江戸の就学率は七〇～八六％で、裏長屋に住む子供でも手習いへ行かない子供は男女ともほとんどいなかったという。

また、日本橋、赤坂、本郷などの地域では、男子よりも女子の修学数の方が多かったという記録もあります。

もちろん、寺子屋は義務教育ではない。寺子屋制度は、庶民自身の主体的な熱意で自然発生した世界的にも稀有なものでした。

当時の日本は、重要なことは役所や国がやるべきだなどという発想はなく、自分にとって重要であるならば、自分たちで自治的に運営するのが当たり前という感覚を持っていました。

これに対し、一八三七年当時のイギリスの大工業都市での就学率は、わずか二〇～二五%だった。十九世紀中頃の、イギリス最盛期のヴィクトリア時代でさえ、ロンドンの下層階級の識字率は一〇%程度だったという。

フランスでは一七九四年に初等教育の授業料が無料となったが、十～十六歳の就学率はわずか一・四%にすぎなかったそうです。


『大江戸ボランティア事情』（石川英輔・田中優子著、講談社）より

江戸時代の幕末期では、武士階級はほぼ一〇〇%が読み書きができたと考えられている。町人ら庶民層でみた場合も、男子で四九～五四%、女子では一九～二一%という推定値が出されている。江戸に限定すれば七〇～八〇%、さらに江戸の中心部に限定すれば約九〇%が読み書きができたという。

『「奇跡」の日本史』（歴史の謎研究会編、青春出版社）より

また、一八六〇（万延元）年に日本との間に通商条約を結ぶために来日したプロイセン海軍のラインホルト・ヴェルナー（エルベ号艦長）は、航海記で次のように述べています。

「子供の就学年齢はおそく七歳あるいは八歳だが、彼らはそれだけますます迅速に学習する。民衆の学校教育は、シナよりも普及している。

シナでは民衆の中でほとんどの場合、男子だけが就学しているのと違い、日本ではたしかに学校といっても中国同様私立校しかないものの、女子も学んでいる。日本では、召使い女がたがいに親しい友達に手紙を書くために、余暇を利用し、ボロをまとった肉体労働者でも、読み書きができることでわれわれを驚かす。民衆教育についてわれわれが観察したところによれば、読み書きが全然できない文盲は、全体の一％にすぎない。世界の他のどこの国が、自国についてこのようなことを主張できようか？」

『エルベ号艦長幕末記』（ラインホルト・ヴェルナー著、新人物往来社）より

一八六一（文久元）年に函館のロシア領事館付主任司祭として来日したロシア正教会の宣教師、ニコライは、八年間日本に滞在しました。そして、帰国後に、ロシアの雑誌『ロシア報知』に次のような日本の印象を紹介しています。

「国民の全階層にほとんど同程度にむらなく教育がゆきわたっている。この国では孔子が学問知識のアルファかオメガであるということになっている。だが、その孔子は、学問のある日本人は一字一句まで暗記しているものなのであり、最も身分の低い庶民でさえ、かなりよく知っているのである。（中略）どんな辺鄙な寒村へ行っても、頼朝、義経、楠木正成等々の歴史上の人物を知らなかったり、江戸や都その他のおもだった土地が自分の村の北の方角にあるのか西の方角にあるのか知らないような、それほどの無知な者に出会うことはない。（中略）読み書きができて本を読む人間の数においては、日本はヨーロッパ西部諸国のどの国にもひけをとらない。日本人は文字を習うに真に熱心である」

『ニコライの見た幕末日本』（ニコライ著、講談社学術文庫）より

トロイアの遺跡発掘で有名なドイツのシュリーマンは、一八六五（慶応元）年に日本を訪れた時の印象を、著書で次のように記しました。

「教育はヨーロッパの文明国家以上にも行き渡っている。シナをも含めてアジアの他の国では女たちが完全な無知の中に放置されているのに対して、日本では、男も女もみな仮名と漢字で読み書きができる」

『シュリーマン旅行記　清国・日本』（ハインリッヒ・シュリーマン著、講談社学術文庫）より

一九〇八（明治四十一）年、日本人七八一人が初めてブラジルへ移住を始めました。同年六月二十五日、『コレイオ・パウリスターノ』紙のソブラード記者は、ブラジルにやってきた日本人の様子をまとめたレポートを新聞で紹介しています。記事の中で、ソブラード記者は、驚くべき清潔さと規律正しさや、物を盗まないこと等とともに、日本人の識字率の高さについて、

「移民七八一名中、読み書きできる者五三二名あり、総数の六割八分を示し、二四九名は無学だと称するが、全く文字を解せぬというのではなく、多少の読書力を持っているので、結局真の文盲者は一割にも達していない」と報じています。

『蒼氓の92年　ブラジル移民の記録』（内山勝男著、東京新聞出版局）より

日本語の存続を守った圧倒的な識字率の高さ

一九四五（昭和二十）年、大東亜戦争に敗れた日本は、母国語を失いかねない危機に見舞われました。

戦争中、玉砕するまで戦い抜いた日本人を見たアメリカ人は、

「日本人は間違った情報を伝えられていて、正しい情報を得ていないに違いない。なぜなら、新聞などがあのように難しい漢字を使って書いてある。あれが民衆に読めるはずはない。事実を知らないから、あんな死に物狂いの戦い方をするのだ。だから、日本に民主主義を行き渡らせるには、情報をきちんと与えなければいけない。そのためには漢字という悪魔の文字を使わせておいてはいけない」と考えた。

『日本語の教室』（大野晋　岩波新書）より

日本語の改革を初めに提起したのは、ＧＨＱの民間情報教育局（ＣＩＥ）のキング・ホール少佐でした。彼は、「漢字はエリートと大衆の調整弁であり、漢字の持つ特異性によって情報はコントロールされ、民主主義は広がらない」と考えていました。

朝日新聞社などの新聞社も「漢字を廃止してローマ字に」と唱えました。当時の新聞は活版印刷で、かなや漢字の活字をひとつずつ埋め込んでいく作業量が多く、コスト削減のために少ない数で済むアルファベットを採用したかったからです。また、戦前から存在した日本語をかな文字やローマ字にしようと考える勢力もこの動きに呼応し、日本語は危機を迎えました。「フランス語を日本の公用語に

せよ」という暴論まで日本人作家からとびだしました。

一九四六（昭和二十一）年三月、マッカーサーの要請により、アメリカ教育使節団が来日。使節団はアメリカの教育制度の専門家二十七人でしたが、日本の歴史文化に精通していたわけではありません。二十五日ほどで日本を視察し、報告書で「日本語は漢字やかなを使わず、ローマ字にせよ」と勧告しました。「ローマ字による表記は、識字率を高めるので、民主主義を増進できる」というのが、彼らの考えでした。

一九四八年八月、ＣＩＥは「日本語のローマ字化」を実行するにあたり、日本人がどれくらい漢字の読み書きができるか調査を行ないました。調査地点は二七〇ヶ所の全国の市町村で、十五歳～六十四歳の一万七千百人が調査対象になりました。調査対象となれば、炭焼きのお婆さんでもジープで連れ出して日本語のテストをさせたといいます。

調査の結果、テストの平均点は七八・三点で、日本人は九七・九％という高い識字率を誇っていることが判明しました。テストで満点を取った者は四・四％で、ケアレスミスで間違えたのではないかという者で満点と認めてもよいという者が一・八％いました。合計すると六・二％（約五〇〇万人）が満点という好成績でした。

ＣＩＥはこの結果に驚き、日本の教育水準の高さに感嘆し、「日本人の識字率の高さが証明された」との判断が大勢を占めました。ＣＩＥの教育・宗教課長だったハロルド・ヘンダーソンは日本の禅や詩歌を愛する知日家で、ローマ字化推進論者のホール少佐の意見を抑えました。ホールがヘンダーソンの後継者として課長になると見られていましたが、他のポストに移され、日本語のローマ字化の企みは潰えました。「アメリカ教育使節団報告書」は、教育勅語の廃止、六三制義務教育、PTA導入、教員組合の組織の自由などを勧告しました。

戦後の日本の教育はこの勧告に基づいて行なわれていきましたが、唯一、実現されなかったのが「日本語のローマ字化」でした。圧倒的な識字率の高さが母国語の存続を守ったのです。

『国語施策百年史』(文化庁、ぎょうせい)より

日本ってすごいぞ

縄文文化

平成四年の三内丸山遺跡(約五千八百年―四千年前のもの)の発見は、日本人従来の縄文時代観を根本から覆した画期的出来事でした。この遺跡は三十五町歩の面積をもつ巨大な集落で、中央部には直径一メートル、長さ十六メートルもの栗の木を使った横幅三十メートル以上の大型建造物がありました。

食料としては栗、クルミ、豆、ゴボウ、ヒョウタン、エゴマなどが栽培され、稗などの農耕も行われていました。また出土品には多くの魚類の骨があり、鰯、鯵、鰈、河豚などが食べられていました。

また土器、石器のほかに皿、鉢、櫛の漆工品も出土しています。当時、土器や漆器を作る専門の職人がいたのです。翡翠(濃緑の硬玉、宝石。装飾品として使われた)、琥珀(黄色で透明、半透明の石、装飾品)、黒曜石も出土しています。これらは女性が首飾りなどに用いたのです。

この集落には広い墓地もありました。遠く離れた所に作らず住宅地に隣接しています。それが意味するものは、生きている者が死者たちと共に住んでいるということです。亡くなった近親の霊魂とともに人々は生きていたのです。

戦後の歴史教育では、わが国の縄文時代は世界の四大文明と比べて未開野蛮そのものであり、類人猿の同類の如き全く遅れた原始的社会として教えてきましたが、それは全くの誤りだったのです。

私たちの縄文の祖先たちは深い信仰心をもち、すぐれた技術を駆使し豊かで平和な生活を営んでいたのです。

縄文時代といえば縄文土器です。三内丸山遺跡には膨大な土器が出土していますが、わが国には世界最古一万六千年の縄文土器があります。日本に次ぐ古い土器は西アジアで約八千年前です。八千年も日本が早いのです。

縄文土器は古いだけではなく芸術的に見てもすぐれた形象美、文様美をもっています。縄文土器は草創期（一万六千年前から）、早期（一万年前）、前期（七千年前）、中期（五千年前）、後期（四千年前）、晩期（三千年前）、の六期に分けられますが、中期に最盛を迎えました。

食器、皿、瓶、鉢など多くの種類があり、ことに文様に工夫がこらされています。網目や渦、波上の形が多いのですが、それは世界各地の土器の中で稀有の表現力の豊かさを示すものです。また形も多様で、ことに火焔土器が最もすぐれた形象美を誇っています。

三内丸山遺跡に象徴されるわが国の縄文文化はかくの如き高い精神性、技術性並びに芸術性をもつ極めてすぐれた文明であり、それは同時代の世界の四大文明と比べて決して遜色ないものであることがいま明らかになりつつあります。

このような高度の文明をもつ縄文時代が一万年以上も続いたのです。その後の弥生時代は、人種、文化ともに縄文時代と断絶はありません。つまり縄文時代は日本の基礎文化であり、それは祖先崇拝、自然崇拝を柱とする神道文化です。

東日本大震災において日本人の国民性が全世界の人々に絶賛されましたが、その根源は縄文一万年という氣の遠くなるような長年月間に培養、熟成されたものなのです。

正倉院―世界最古の博物館

正倉院は現存する世界最古の博物館であり、「人類の宝庫」とまで呼ばれています。奈良時代、わが国の美術、文化は大きく発展しましたが、その一大文化事業の中心者は東大寺の大仏を建立された聖武天皇です。

聖武天皇が崩御された天平勝宝八（七五六）年、光明皇后は天皇の御遺愛品七四〇点を東大寺大仏に奉納され、正倉院に納められました。

以後、皇室からの納入品や東大寺の法会用品も加わり、今日では総数約一万点といわれています。しかしこれは台帳記載上の数字で、ガラス玉、染織品の断片等を含めると数十万点になるそうです。

御物といわれる収蔵品の種類は、調度品、鏡、文房具、楽器、飲食器、装身具、遊戯具、屏風、楽舞装束、衣類、文書典籍、工匠具、香薬類、仏具、武器、武具等多岐にわたり、それらは今尚輝きを失なわぬ第一級の美術工芸品、宝物です。

正倉院の美術工芸品の大半は当時のわが国の極めてすぐれた技術及び職人によって作られたものですが、海外から伝来したものも少なくありません。渡来品の源流をたどると東ローマ、ペルシャ、インド、西域、（中央アジア）、シナ、インドシナ等と広範囲にわたります。

正倉院の御物中の優品に十八種七十五点の楽器がありますが、渡来品とわが国製作のものと両方があります。古代楽器の収蔵として他国に比肩するものがありません。この渡来の楽器は今日、その発祥地においてほとんど消滅しており、日本にのみ残るものが多いのです。

城

我が国従来の建造物は西洋と比べておおむね規模狭小ですが、例外があります。その一つが城です。安土桃山時代から江戸時代初期、全国で三百以上もの城が短期間で一斉に築かれました。それは古代において数多くの前方後円墳が作られて以来の全国的な建築の黄金時代でした。

日本人は決して小さなものだけを志向し愛好する民族ではなく、本来氣宇壮大な国民であることの一つの証しです。

日本の城はヨーロッパの城に決して劣らぬ壮大さを持つとともに、芸術的に見ても十分鑑賞に耐えうる美しさがあります。城の歴史は古いのですが近世城郭の出発は、織田信長の安土城です。天正四（一五七六）年に築かれた安土城は五層の天守閣をもち、何重もの石垣をめぐらした壮麗を極めたもので、その美しさはイエズス会宣教師ルイス・フロイスが、ヨーロッパの城に劣らぬものとして絶賛しています。

そのあと豊臣秀吉が大阪城を築きました。大阪城は安土城以上の壮大さと絢爛さを誇りました。以後、諸大名達は大阪城を見習い天守閣、石垣、堀等をもつ城作りを競い各地に名城が生まれたのです。

今日その雄姿をとどめている城として、大阪城のほか、姫路城、熊本城、江戸城、名古屋城、二条城、彦根城、松山城、丸亀城、津山城、松本城、岡城、金沢城、松江城など数多くあります。

中でも名城中の名城をあげるなら、まず姫路城。世界遺産でもあり最も芸術的な美しさを誇り「白鷺城」ともいわれています。四十五メートルの丘の上に四十六メートルの五層の大天守閣が聳え、周りに三層の小天守閣が三つ並ぶ姿は欧州の名城とはまた情趣の異なる美があります。その天守閣を多くの櫓をのせた白壁の石垣が複雑にとり囲む姿は壮麗そのものです。

この時代最高の築城の名手である加藤清正が築いた熊本城は、姫路城が女性的な優美さの代表とするなら、男性的豪快さの代表です。一つの小天守を伴った五層の大天守閣の豪壮なる美しさは姫路城の天守閣と双璧です。しかしそれ以上に熊本城の魅力は石垣です。二十メートルから三十メートルもの高石垣が見事な勾配で主郭を取り囲んでいますが、石垣の最高の美しさを見せています。

現在の大阪城は江戸時代の築造で秀吉時代と少し異なりますが、熊本城に劣らぬ見事な石垣と二重の深い堀に囲まれた広大な城郭は天下の名城の名に恥じません。

皇居となった江戸城は徳川将軍の居城として、世界一広大な城郭でした。長大な石垣と塀、今に残る櫓と門がかつての江戸城の無比の壮大さをしのばせています。

東大寺大仏

奈良時代に造られた世界最大の青銅像が、東大寺の大仏です。高さ十六メートル、重量三五〇トンです。バーミアンの石窟（紛争による混乱で大仏が破壊され、石窟の壁面に描かれた仏教画の多くが失われた）、シナの龍門にも大きな仏像がありますが、ともに石壁に彫りつけたもので、東大寺大仏とは比べられません。パルテノン神殿にあるアテネ像が高さ十メートルです。

この巨大な青銅製の大仏を作る為には何よりすぐれた技術と技術者を必要としたが、当時の日本には銅像作りの最高の技術と技術者がいました。大仏建立の中心となったのが造仏司長官の仏師、「天平のミケランジェロ」国中連公麻呂です。

天平勝宝四（七五二）年四月九日（釈迦誕生の日）、大仏が完成、その開眼会の式典が盛大に挙行されました。

大仏建立を発願された聖武太上天皇、光明皇太后、孝謙天皇が大仏殿前に臨席され、文武百官が居並び、千余名の僧侶その他一万数千名が参列する一大式典でした。

大仏開眼のあと華厳経の講義が行われ、大仏へお祝いの品々が奉納されました。その後、雅楽寮の楽人・舞人数百人による歌舞と音楽が行われ、わが国古来の久米歌、久米舞等のほか外来の楽舞（唐楽、高麗楽、林邑〈ベトナム・カンボジア地域〉楽）が演じられました。

この式典と祝祭がいかに壮麗を極めたものであったかは、今日の我々の想像を超えるものがあります。これほどのことが出来たのは、当時の日本の国力、経済力が極めて強大であり、文化的にも技術的にも他のいかなる国よりも高くすぐれた文明国家であったからです。

文化的には天平時代とよばれる奈良時代は、「青丹よし奈良の都は咲く花の薫ふがごとくいま盛りなり」とうたわれたわが国芸術・文化の一頂点・一大黄金期でした。

大仏は源平の争乱時代、平家の攻撃で焼失しましたが、やがて源頼朝、重源らの尽力により再建されました。今日の大仏は江戸時代のものですが原型通りです。ただ大仏殿の建物は当初より少し小さいです。

奈良時代はわが国上古の最も輝かしい時代の一つです。奈良時代を象徴するものが、古事記、日本書紀、並びに万葉集そして東大寺大仏と既述した数々の仏像の名作群です。わずか七十余年の間にこれほどの文化的偉業がなし遂げられたのは、まことに驚異的なことです。

日本のすぐれた精神文化、偉大な芸術を形成する上で奈良時代がいかに重要な時代であったかがわかります。

そして世界最大の青銅像を造り上げた日本人は、いかに雄大な精神をもつ民族であったかが分かります。本来の日本人の心は、せせこましい島国根性とは無縁なのです。

古墳　日本人の信仰、宗教、精神が関係している

日本人は小さなものだけでなく、巨大を求める心性をもつことを城と大仏で紹介しましたが、もう一つあげたいのは古墳です。

わが国には「前方後円墳」に代表される古墳が三世紀後半から七世紀初頭にかけて全国（現在の岩手県から鹿児島県まで）において二十万基から三十万基も作られています。そのうち一〇〇メートル以上の前方後円墳が三〇〇以上もあります。

中でも最大のものが仁徳天皇陵です。現在は、「大仙陵古墳《だいせんりょうこふん》」と呼ばれています。この仁徳天皇陵古墳を含む「百舌鳥・古市古墳群」は、令和元（二〇一九）年七月、ユネスコの世界文化遺産として登録されました。

墳丘の全長は五二五mの前方後円墳で、三段築成の後円部の高さは三十七・九m、三重の濠まで含めた総面積は三十四万五千平方メートルあります。

秦の始皇帝の墓の底面積の三倍、エジプト最大のピラミッドの底面積の六倍です。高さだけはピラミッドに及びませんが、これほど巨大な建造物が他にも数多く作られたことは、近世の城郭や大仏建立以上に驚くべきことです。

それは古代の日本が国家としていかに強大な力と卓越した技術力を持っていたかの一つの雄弁なる証しでもあるわけですが、わが国の歴史家はこれを全く理解せず無視してきました。

わが国には前方後円墳のほかいくつかの墓の種類があります。これらの墳墓の形はわが国独自の固有のもので、シナや朝鮮にはありません。朝鮮半島南部に前方後円墳がありますが、それは日本から伝わったものです。

こうした墳墓は、世界において稀有の古墳文化といえます。古墳についての詳しい文献資料がないから歴史家は無視してきましたが、思えば日本人の信仰、宗教、精神と古墳が無関係であるはずがありません。

古墳という形そのものに古代日本人の重大な精神が表現されていると考えるのが自然です。それを今日明らかにするのが美術史家田中英道氏です。氏の見解を紹介します。

前方後円墳は小高い円形の山と方形（台形）の平地よりなる。円形の小山に天皇始め貴人の遺体が納められ、方形の平地においてそれを仰ぎ霊魂を祭ったのである。そしてそれを水濠がとり囲んでいる。神道の根本は自然崇拝（自然霊信仰）と祖先崇拝（祖先霊信仰）並びに天皇崇拝（天皇霊信仰）である。祖先と死者、中でも偉大なる人物（その最たる人は天皇）の霊魂に対する信仰がこうした巨大な古墳を生み出したのである。

また日本人の自然崇拝の心情はことに樹木の生い繁る山を最も神聖視し、山の森は「杜」とよばれそこに神社が建てられた。その山に偉大な祖先、天皇の遺体を埋めてその霊魂を祭った。

祖霊は山に生き続けるというのが日本人の信仰であり、自然崇拝と祖先崇拝と天皇崇拝の結晶こそ古墳であった。
水濠があるのは墳墓が神霊のましまます聖域だから、まわりを水で囲んだ。天皇陵には鳥居がおかれているが、墳墓は神社そのものである。普通の神社との違いは、墳墓には霊魂とともに遺体が納められていることである。

仁徳天皇陵はなぜこれほど巨大なのでしょうか。戦後の偏向歪曲した歴史観では、これこそ当時の天皇の専制的権力の象徴とみるが全く違います。『古事記』、『日本書紀』にあるように、仁徳天皇は国民に仁政を施された。人々の生活の困窮を見て三年間「人民らの課税」を免除された。その結果人々の生活は豊かになった。

宮殿は雨漏りがするほどいたんでいたが、修復をされなかった。『日本書紀』は「そもそも天が君（天皇）を立つるは全く百姓のためなり」との天皇の言葉を伝えています。「高き屋にのぼりて見れば煙立つ民のかまどはにぎはひにけり」―仁徳天皇の御製です。

この仁徳天皇の善政に人々は随喜して「聖帝」と仰いだのです。わが国の天皇はシナの皇帝とは根本的に異なります。当時の国民の天皇への熱い仰慕、崇敬の至情が世界一の墳墓を造り上げたのです。

茶道―日本文化の結晶

日本文化を代表する一つが茶道（茶の湯）です。わが国の茶道の価値を世界にしらしめたのが岡倉天心の『茶の本』（明治三十九年、英文）です。この世界的名著で天心はこうのべています。

「最近［武士道］――わが兵士をして身命を惜しまず死地におもむかしめる［死の術］については、これまで多くの論議が行われてきたが、茶道についてはそれが我々の［生の術］を多く語っているにもかかわらず、ほとんど関心が払われていない。いつの日に西洋は東洋を理解するであろう。茶道は全世界の尊敬を集めている唯一のアジア的儀式である。白人は我々の宗教と道徳を嘲笑した。だがこの褐色の飲料は文句なしに受け入れた」

「それ（茶道）は生きる術についての一種の宗教である。茶は純潔と風雅の崇拝のための口実――主客が一体となってその際俗世から無上の幸福を生み出そうとする神聖な儀式――にまで高められた。茶室は寂莫たる人生の荒野におけるオアシスであった」

天心は茶道を「生きる術についての一種の宗教」とのべていますが、茶道の大成者千利休は茶道の根本精神を「和敬静寂」の四字で表しています。

和は人間社会の基本であり、聖徳太子の「和を以て貴しとす」の精神です。

敬は神仏と相手に対する畏敬と慎みの心です。

これは、日本人が最も大切にしてきた精神です。

清は心が清らかで私利私欲の汚れがないことで「明き浄き直き誠の心」です。

寂は寂然不動ということで、単なる静寂でなく正しい信念に基づく不動の心です。

裏千家前家元の千玄室氏は「和敬清寂」の心を謙虚・感謝・清浄の心とものべています。この心をもって一服いただき心身の疲れをいやし自分の心を清めるのが茶道であるというわけです。

森の文明の国

世界の主要国中、日本は国土における森林の比率が最も高く六七％を占めています。アメリカは三三％、ドイツは三〇％、フランスは二四％、イギリスは八％、シナは一六％です。日本ほど樹木、森林を大切に守り育ててきた国はありません。建物や燃料、農地の開墾の為に木を伐りましたが、一方極力植林につとめてきた世界稀有の民族であるのです。

太古のヨーロッパはほとんどが森林に覆われていましたが、文明の発展とともに減少しました。殊に十二世紀の大開墾時代から森林の破壊が進み、森林は農耕地と動物の牧草地に変わり、十六〜十八世紀の間にほとんど消滅してしまいました。

北米大陸も同様、西洋人が入植してから三百年間に大森林は消滅してしまいました。十九世紀になって欧米人は森林破壊の誤りに漸く氣付き植林の努力をした結果、先の数字にまで回復したのです。

シナ大陸も同様です。シナ人は数千年間豊かな森林を伐り続け植林の努力を怠ってきました。歴代シナ王朝は都城や万里の長城の建設など巨大な土木工事をやり続けました。長城や都城の壁の膨大な煉瓦を焼いて作る為に、森林は次々に破壊され山々は丸裸にされました。

革命に次ぐ革命、戦乱に次ぐ戦乱がシナの歴史ですから、子孫の為、百年後二百年後の為に植林を行うという考え、習慣が育たなかったのです。

万里の長城は決して誇るべき世界遺産ではなく、森林破壊の象徴なのです。現在のシナの森林はさらに激減、国土の砂漠化が進行、大氣と水と土地は重度に汚染され、PM二・五に象徴されるように人々の生存が脅かされています。

黄文雄氏は、日本人とシナ人の国民性が際立って対極的であり、「日本人は〝木を植える民族〟と定義すれば、中国人はまちがいなく〝木を伐る〟民族だ」と述べているのは至言です。

日本人はなぜかくも森林を大切にしてきたのでしょうか。それは日本人が自然を神として仰ぎ畏敬の念を抱いてきたからです。山川草木国土悉くみな神とする日本人の多神教的汎神教的世界観・自然観、すなわち神道の自然崇拝の心性感情が強く生き続けてきたからです。

日本人は樹木に覆われた山々は神が宿り鎮まる「神体山」として畏敬し、そこに神社を建ててきたのです。森そのものが神の鎮まる社であり、社・神社は「杜《もり》」とも呼ばれたのです。

教育度

日本人はみな日本語が読めます。識字率一〇〇％で世界一です。今日でも全ての国民が文字を読めるという国はそう多くありません。

日本人のすぐれた国民性は、教育度の高さと表裏一体です。江戸時代すでに識字率は世界一で欧米諸国をはるかに引き離していました。庶民のほとんどはみな字が読めました。

この時代、町や村、街道の要所には制札場《せいさつば》や高札場《こうさつば》がおかれていました。幕府や藩の法令、命令などを一般の人々に知らせる為の告知板です。安藤広重の浮世絵に馬を引く馬子が立ち止り制札を見ている絵があります。制札の文字は漢字とかなで書かれています。馬子はそれを読んでいるのです。

また江戸日本橋の制札場で町人達が制札を眺めている絵もあります。庶民たちのほとんどが文字が読めた証拠です。庶民の大半が文盲ならば全国各地に制札場をおくことは無駄になります。

農民や町人が文字を読めたのは、生活においてそれが必要不可欠であったからです。農事にかかわることで庄屋に届けを出す時は必ず文書にしておかねばあとの証拠にならないから、農民にとり読み書きは必須のことだったのです。

商人もそうです。商店に丁稚奉公し、やがて手代になると帳簿をつけるから、読み書きと算盤《そろばん》が出来なければ話になりません。大工などの職人も同じです。

法隆寺などの修繕で解体してみると落書きがたくさん出てきます。それは、大工のなかでも一番下の「叩き大工」が書いたものです。漁師もまたそうです。漁獲高等を記録する為、読み書きができなければならなかったのです。

江戸時代は遅れた封建時代だから、庶民教育は普及しておらず、庶民の多くは読み書きが出来なかったと思ったら大きな間違いです。一般庶民の教育度、民度は当時の西洋諸国と比べてはるかに優る世界一の教育水準を誇る国であったのです。

わが国の教育の歴史は古く、すでに奈良時代に教育制度がしかれ、大宝律令（七〇一年）には「学令」という教育法令があり、「大学」「国学」という学校が設置されました。

平安時代には空海が「綜芸種智院」、藤原冬嗣が「勧学院」という私立学校をつくり一般庶民も学んでいます。

戦国の世が終わり江戸時代になると学問が盛んになり、幕府と藩はそれを奨励しました。幕府は昌平黌《しょうへいこう》を、藩は藩校を作りました。藩校はほとんどの藩に作られ二五〇校に及んでいます。

また多くの私塾が全国各地にできました。有名なものとして広瀬淡窓の「咸宜園《かんぎえん》」（大分県日田市）がありますが、この塾には全国六十六カ国中六十二カ国の人々が学んでいます。また蘭学者緒方洪庵の「適々斎塾（適塾）」（大阪）には天下の英才が学んでいました。

さらに庶民教育の為に設けられたのが寺子屋です。全国各地につくられその数約二万もありました。

ここで読み書き、習字そして算盤が教えられたのです。

江戸時代、士農工商みな学問に励むという世界稀有の国が日本であったのです。それゆえ庶民からも二宮尊徳、塙保己一《はなわほきいち》（盲目の凄い学者）、伊能忠敬などのとてつもない偉人が出たのです。学ぶこと、教えることにこれほど情熱を傾けてきた民族は少ないでしょう。この江戸時代の教育度の高さがあったから、明治以降の日本の驚異的躍進がありえたのです。

源氏物語

源氏物語は千年前、十一世紀の初めにできました。日本文化の全盛期、平安朝の時代藤原道真が栄華を極めていた頃の小説です。

日本文学史上の最高峰といわれる『源氏物語』は今や世界中に知られ、「世界文学の奇跡」とまで絶賛されています。欧米の文学者・知識人はたいてい源氏の英訳（英人学者アーサー・ウェイリーが一九二五〜三三年に翻訳したのが最初。その他欧州各国語訳あり）を読んでいます。

イギリス人の最高の誇りはシェークスピア（とその作品）といわれています。彼こそ世界一の小説家との思いがイギリス人にはありました。しかし彼は十七世紀の人で、紫式部より六〇〇年もあとです。ウェイリーの英訳が出てイギリスの知識人は仰天しました。「十一世紀の初めだって？それじゃイギリスはまだダークエイジ（暗黒時代）だよ。そんな時代に日本文化が全盛時代を迎えていたとは全く知らなかった」と驚嘆するのです。

この時代、紫式部のほか『枕草子』を書いた清少納言、歌人の和泉式部など天才的女性が幾人も出ているという、傑出した歴史を持つ国はほかにありません。

日本がもし女性蔑視の国だったならこのようなことは決してありえません。わが国は太古より女性が尊重された社会であったのです。

平安時代に誕生した三大文学作品が、『古今和歌集』、『伊勢物語』そして『源氏物語』です。和歌の聖典が古今集であり、物語の聖典が源氏です。

平安朝以来、貴族、知識人らにとり不可欠の必読書とされたのがこの三書です。これらを読まずしては知識人の仲間入りができず、すぐれた歌を詠むことは不可能であったのです。

ものづくりの伝統と匠の技

わが国には世界に比類ないものづくりの伝統と「匠の技」といわれる職人芸があります。世界最古の縄文土器を作った時から優に一万年以上もの長い伝統であり、それは今日、日本人が世界に胸を張って誇りうるものです。

水田作り、測量、治山治水、伊勢神宮、法隆寺、城、桂離宮、古墳、東大寺大仏、仏像、庭園、蒔絵、各種美術工芸品、陶磁器、和食、和服、染織、花火等々、それらはみなわが国独自ないし世界最高水準の技術を駆使して作られた価値あるものばかりです。

日本人ほどものづくりに精魂を込め弛《たゆ》まざる努力を傾ける民族はほかに例を見ません。

そしてものづくりに励む職人とその高度の技術を尊重する国は多くはありません。わが国では技術、芸能、文化の上で特別にすぐれた才能を持つ人々を「重要無形文化財保持者」いわゆる「人間国宝」として大切にしています。生きている人間を「国宝」にまでするわが国は、いかに伝統・文化・技術を尊重してやまぬ国家民族かと言うことができます。

こうしたものづくりの伝統と匠の技の素晴らしさを改めて人々の前に示すのが、二十年に一度行われる伊勢神宮式年遷宮です。内宮、外宮始め数多くの別宮、摂社、末社と御装束神宝七〇〇余種一五〇〇余点が多くのすぐれた職人、美術工芸家たちの匠の技により古式に則り造り替えられるのです。御装束神宝の写真集を拝見するだけでも、その卓越した技術と芸術美に驚嘆のほかありません。御装束神宝は金工、木工、漆工、染織等の現在日本が保有している伝統工芸技術の一大集積群の最高の結晶なのです。

二十年に一度の遷宮は、古代からのものづくりと匠の技を親から子、子から孫へと途切れなく受け継がれてゆくことを可能にしています。一三〇〇年間の伝統と文化、技術がこうして伝承されてきている日本という国のすごさ、尊さ、ありがたさを多くの国民が実感します。

式年遷宮に象徴されるものづくりと職人技の長い伝統が、今日わが国をして世界一の技術水準を誇るものづくり、技術王国たらしめているのです。

国技の歴史　相撲

相撲の起こりは神事にあります。『古事記』によると天照大神は出雲国を支配していた大国主命に、出雲の国を譲渡するように命じました。大国主命の子の建御名方神《たけみなかたのかみ》は、使者の建御雷神《たけみかづちのかみ》に対し、〝力くらべ〟によって決めようと申し出ました。そこで建御名方神と建御雷神の神は相撲を取り、建御雷神が勝ったので、平和裡に国譲りが行われました。俗に言う「出雲の国譲り」です。

そして『日本書紀』によると皇極天皇元（六四二）年二月二十二日に、百済（朝鮮半島の南部）の使者を接待するため、兵士達に相撲を取らせたことが記されています。

日本相撲協会によれば、我が国の相撲の起源として、『古事記』（七一二年）や『日本書紀』（七二〇）の中にある力くらべの神話や、野見宿禰《のみのすくね》・当麻蹶速《たいまのけはや》の天覧勝負の伝説をあげています。宿禰が勝ち、相撲の祖と言われ野見宿禰神社まであります。島根県にある出雲大社の境内、そして東京都墨田区にあります。また兵庫県龍野市《たつのし》、現在の「たつの市」には野見宿禰がこの地で没したということで野見宿禰墓があります。

奈良時代には天皇が宮中で相撲を観覧する儀式が始まり、平安時代には 朝廷の年中行事として制度化されています。朝廷の力が衰退すると、朝廷での相撲行事は終了してしまいます。

武家社会に変わると相撲は心身鍛錬の手段として盛んに行われるようになりました。戦国時代になると弓取り式が始まり、行事も登場しました。特に織田信長の相撲好きは有名です。

十八世紀の後半、つまり江戸時代後期に入ると、幕府推奨の娯楽として、相撲の人氣は上がり、江戸の相撲が力をつけ、上方を凌ぐようになります。決まり手も四十八手が成文化され、年寄り株制度の原型である株仲間が始まります。

相撲を主題にした歌舞伎の上演や錦絵（版画）、相撲絵などに人氣が集まりました。その頃に大相撲や稽古相撲（巡業）が行われて現在の相撲の形ができ上がりました。

明治四十二年に両国国技館が開館し、大正十四年に大日本相撲協会が誕生して現在に至っています。

江戸時代の水道の規模は世界一

水道の起源は、天正一八（一五九〇）年、徳川家康が江戸に入り、家臣大久保藤五郎に命じてつくらせた小石川上水（後の神田上水）であり、その後、江戸の発展により、玉川上水（一六四八年）、青山上水、三田上水、亀有上水、千川上水など六つの上水がつくられたのです。

当時、江戸の人口は一〇〇万人（当時では世界一の人口）を超えていましたが、下町は上水が行き亘り、山の手は一部で利用され、江戸の人口六割に水道が普及していました。江戸の六つの上水の総延長は一五〇キロに及んだといわれ、給水人口はその規模において世界一でした。

十七世紀のロンドン、パリの人口は四十から五十万人程度でした。パリは近隣の泉水を導水し、市内に流れるセーヌ川の水を風車で揚水していました。ロンドンでは、三十キロ離れた泉水を導水する水路（総延長六十キロ）がありました。

ロンドンでは配水本管は地上に露出していましたが、江戸の町中では大部分が地下に木管（樋・枡）を埋設されていました。江戸の樋・枡には地形や水勢によって、埋枡（地下）、高枡・出枡（地上）、水見枡（蓋があり、水の質（清濁）と量（増減）を検査、分岐枡、溜枡などがありました。

完成後の玉川上水系は江戸城内をはじめ四谷、麹町、赤坂の高台や京橋方面を給水し、総延長八十五キロありました。取水口の羽村村から四谷大木戸までは、開渠（掘割水路）で高低落差が九十二m、ちょうど馬の背に当たるところに水路が作られ、後に出来る分水が巧みな自然勾配で途中の新田集落を潤しました。

四谷大木戸より先は江戸の町に入り暗渠化され、水質・水量管理もされており、水番人が見回り塵芥を除去し水質を保全し、水量の調節も行っていました。

取水口の番人は上流が豪雨の時は水門を閉じ、濁り水を川に還流し、逆に日照り続きの渇水時は給水制限をしていたのです。当時、これほどの規模の飲用水専用の人工的水路は江戸の外に世界のどこにも見あたりません。

江戸の技術と科学

いま述べたように、江戸の人々の飲料水は「玉川上水」などで確保されました。玉川上水は武蔵国の農民庄右衛門・清右衛門兄弟により、慶安七（一六五四）年に完成しました。西多摩の羽村から四谷大木戸まで四十三キロの運河を掘り、多摩川上流の清水を流したのです。以後三〇〇年間、昭和期の淀橋上水場の完成まで、玉川上水は多摩六〇〇〇町歩の水田を潤すとともに、江戸・東京の百万から数百万の人々の飲水を供給し続けました。

農民によってなし遂げられたこの工事における測量・土木の技術は世界に誇るものがあります。それは古代からの米作り・水田作りにおいて受け継がれてきたすぐれた技術の賜でした。

四十三キロの長い運河の水は取り入れ口から四谷まで一日で流れ着きますが、それが一日で滞りなく達する為には、精巧を極めた測量技術を要します。

また運河を流れる水が土にしみこむのを、防止する必要があります。どうやって防止したのでしょうか。それは三和土という土の使用です。粘土、砂利、塩のにがりを混ぜてつき固めると漆喰状になり、コンクリートで固めたのと同様となり漏水を完全に防ぐことができるのです。

さらにこの時代の代表的土木工事として「箱根用水」があります。箱根芦ノ湖の水を駿河国駿東部の村々数千町歩に引く大灌漑用水ですが、寛文十（一六七〇）年に完成しました。

これをなしとげたのは深良村の名手大場源之丞です。この用水路は途中三キロの隧道（トンネル）を掘削して作られました。両側から掘り進んだのですが、狂いなくぴったりつながったのです。

現在でも隧道工事はむつかしく接点が狂いがちといわれますから、当時の人々の技術がいかにすぐれたものだったか驚嘆させられます。当時測量に用いた道具は、算盤と曲尺、水を入れた四角の箱と糸だけでした。箱の水で水平面を知り、糸を張り仰角を知り、曲尺と算盤で測量計算をしたのです。

この測量技術の基礎となったのが数学です。驚くべきことに江戸時代、算数、数学が盛んだったのです。寺子屋では読み書きのほか算盤も教えました。

また「算学塾」もありました。加減乗除のほかに立体幾何や解析など高等数学を教えるところがあったのです。数学者吉田光由の著した算術書『塵劫記』は江戸時代数百版も重ねた一大ベストセラーでした。

つまり武士も含めて農民、町人の多くが算数・数学を熱心に学んでいたのです。庄右衛門、清右衛門、大場源之丞も数学に精通した傑出した測量家、土木事業家であったのです。

誇れる日本の文化・芸術の幾つか

花見―人間を自然の一体の心情の極致

草花を愛さぬ民族はいないと思いますが、日本人ほどの国民はほかになく、「花見」というわが国独特の習俗を長く続けてきています。花見の時節が近づくと何とはなしに心が浮き立ち、花咲く日はいつかと待ち遠しい。満開となれば人々は名所にくり出し、桜の下で楽しく飲食する。まさに日本人ならではの風俗習慣です。

花見における日本人の心性感情を説明するとこうなります。

草花や樹木等の自然は人間とは別個の存在のようにみえる。しかし決してそうではない。人間と自然の万物は本来一体同根である。人間も自然の万物も霊魂を有し、神の生命の表現にほかならない。それゆえに親密な感情がわきあがり、何ともいえぬ融合一体の心情が生ずる。神のいのちのあらわれとして自然を愛し畏敬崇拝する心こそ、人間が持つ本来のこころである。

こうした自然観・生命観を太古の人類はみなどこでも有していました。多神教あるいは汎神教の文化がレヴィ・ストロースのいう人類の「原初的な文化」でしたが、ユダヤ教・キリスト教・イスラム教などの一神教の登場により、人類のほとんどがその心性感情を喪失したのです。桜を愛し花見を習俗とする日本民族は、この人類本来の純真素朴な心を持ち続ける稀有の国民であることを知らねばなりません。

日本庭園

わが国が世界に誇る美術文化の代表的な一つが日本庭園です。日本を訪れる外国人観光客は、一体日本の何に感ずるのでしょうか。「どこで日本の文化を感じたか」とたずねると、多くの人は「日本庭園を鑑賞した時に日本文化を実感した」と答えるといいます。

日本の庭園は他国と大きく異なります。ことに欧米の庭園は幾何学的、対称的、人工的なものが多い。それに対して日本庭園はわが国の「自然風景を日本的に再現した（造形化した）」ものと言われています。山、樹木、池、川、瀧、石等が渾然一体となり、自然や建物と見事に融け合っています。遠くの山並などをとり入れる「借景」の様式もあります。禅寺には幽玄閑寂な枯山水の石庭があります。

庭園様式には平安時代の寝殿造様式、鎌倉時代の枯山水様式、室町・桃山時代の書院造様式、江戸時代に成立した回遊式庭園様式がその代表的なものです。最も総合性に富むのが回遊式庭園で、江戸期、大名たちは競って名庭園を造り上げました。

代表的な大名庭園をあげると水戸の偕楽園、金沢の兼六園、彦根の玄宮園、岡山の後楽園、広島の縮景園、高松の栗林公園、熊本の水前寺成趣園、東京の小石川後楽園、六義園、徳川将軍家では浜離宮恩賜公園、二条城二の丸庭園等がある。そのほかにも桂離宮、修学院離宮始め由緒ある神社や寺院、美術館、旅館、料亭など全国いたる所に名庭園は数知れません。

法隆寺

日本が誇る世界最古の木造建築が法隆寺です。西暦六〇七年、聖徳太子によって建てられました。千四百年間もの間、法隆寺はその建物の美しさを保ってきたことはまことに驚異的です。法隆寺の素晴らしさは、日本人の卓越した美的感覚、造形感覚にあります。当初シナの様式に習って建てられたわが国の寺は、中門、五重塔、金堂が一直線に並んでいましたが、法隆寺は塔と金堂が左右に配置され、それを回廊が囲んでいます。

こうした伽藍配置はシナにも朝鮮にもありません。金堂・五重塔・中門・講堂・回廊が飛鳥時代の様式で統一され実に見事な調和を保っているのです。また木造の五重塔はシナにはありません。世界最古のこの木造建築は決してシナの模倣ではなく日本独自の創造なのです。

華道（生け花）

草花にこれほど親しみ花を美しく生けて、それを芸術にまで高め上げたのは日本人だけです。ここにも日本人と日本文化の特質が鮮やかに示されています。

自然の万物に神のいのちを見る日本人は、花に宿る神の生命力に対する深い信仰を抱いていました。

花の代表とされたのは桜ですが、桜に対する日本人のただならぬ心情は、花見という日本独特の習俗を生みました。

生け花・華道もこうした日本人の心が生み出した日本ならではの芸術・文化です。桜を歌う和歌、花見の文化、生け花という芸術を生み育ててきた日本人は、いかに花と深い絆を結んできた民族だと言えます。

陶磁器

建物、庭園　日本画、蒔絵、仏像等に劣らぬ世界に比類なき美術品が陶磁器・焼き物です。陶器は陶土という粘土、磁器は陶石という白い石が主体です。陶器は土の味わいが残り温かでやわらかな感じがし、磁器は白く透明感があり陶器より硬い。たたくと磁器はチンと金属的な高い音が出ますが、陶磁器の音は少し鈍い。両方合わせて陶器とも言うが、日常最もよく接する生活用品です。

わが国の焼き物の歴史は縄文土器から始まりますが、世界で最も古く長く、世界で最も魅力あるやきもの文化を育んできました。土器とは粘土を窯ではなく外で焼いて（野焼きという）作ったものです。わが国はこの土器の時代が一万年以上も続き、土器《かわらけ》は今でも神社等で使われています。

能

日本が世界に誇る舞台芸術・演劇が歌舞伎・文楽とともに能（能楽）です。

観阿弥、世阿弥父子により完成された能は、室町時代に成立した能面を用いる世界最高の仮面劇であり、今日まで六百年以上続いています。

能は猿楽（申楽とも書く）をもとにしている。猿楽は古く朝廷や社寺における神事仏事に奉仕しました。猿楽の淵源は神代における神楽です。

歌舞伎

歌舞伎の始まりは、出雲大社の巫女と称する阿国が一五九八年（慶長三年）に「ややこ踊り」という子供の踊りを踊って人氣を得たことと言われています。当時の風俗、派手な着物を着、男髷に髪を結い首から十字架をかけて、長い刀を差すという、所謂「男装の麗人」まで取り入れた新奇さから「かぶき（傾奇）踊り」と名を改めました。

この時代の歌舞伎は女優中心の歌舞伎だったが女優たちは遊女でもあった為、幕府に禁止されてしまいました。代わりに出てきたのが、「若衆歌舞伎」、これも風紀を乱すという理由で、幕府により禁止されます。その後に前髪（若衆の象徴）を剃り落とした成人の髪型（野郎頭）で舞台にあがる「野郎歌舞伎」が登場し、これが現代の歌舞伎の原型です。

元禄時代に入ると庶民文化が全盛となり、演劇として成熟し、引き幕の発生が多幕物を生み、リアルな演技演出が発達しました。また劇場の発達も著しく、花道や回り舞台などは独創的な形式も生み出しました。

終戦後九月には歌舞伎興行が再開されましたが、進駐軍の命令により反民主主義的な演目や、仇討ち物の上演を禁止され、二十二年の終わり頃にフォビアン・バワーズという歌舞伎に理解のある担当官が、全面解除するまで古典的な演目を上演することができませんでした。

雅楽

雅楽は神代から伝わる神楽（祭り、神事にともなう音楽で、琴・笛などの楽器をもって歌い舞った）をもとにして、千四百年ほど前、シナや半島から伝来した古代アジアの音楽が融合して平安時代に完成されたものです。

日本の偉人物語

海外で偉大な功績を残し、海外（世界）で有名な日本人がいます。しかし、日本ではあまり知られてないのが現状です。

八田《はった》　與一《よいち》氏（台湾華南平野の父）
杉原《すぎはら》　千畝《ちうね》氏（ユダヤ人にビザを発給し続けた総領事）
樋口　季一郎少将（ユダヤ人を救った軍人・人道主義者）
肥沼《こえぬま》　信次《しんじ》氏（多くのドイツ人を救った日本人医博）
柴五郎中佐（日英同盟の影の立役者）
佐久間　勉艇長（勇敢なる武士道精神）
東郷　平八郎海軍元帥（バルチック艦隊に勝利した世界的な英雄）
加藤　明氏（ペルーバレーボールの父）
後藤新平氏（台湾開発の父、鉄道・放送の父）

久田佐助船長（東海丸遭難事故「世界の名船長」）
太田恭三郎氏（ダバオ開拓の父）
高橋是清蔵相（デフレを克服した達磨宰相）

他にも沢山います。日本の教科書からこうした偉人が消えていることが大問題です。偉人を学ぶことは、自分もそういう人間になってみたいという「生きる希望」や「目標」を持つことに繋がります。立派な日本人を学べば、立派な日本人が育ちます。資源のない国の財産は人財ですから、人財を育てることが国の発展につながるのです。

第六章　嘘の歴史が真実のように覆われた日本

七転八起

日本建国以来の歴史を全否定された日本

いくら書いても自分の思いを伝えるには書き足りません。

私が言いたいのは、我が国日本というのは国の肇《はじ》まりからして独特の歴史を持ち、伝統文化でも世界に誇れる国で素晴らしいということです。

それがどうでしょうか。日本全体が、それとは全く違う雰囲氣に覆われているような氣がしてなりません。日本が実際に歩んできた歴史を否定され、戦争好きでアジアを侵略した悪い国ということが、あたかも歴史の真実のように報道されるからです。

人それぞれに考えがあるのは当たり前なので、意見の違いはあっていいのです。ただ一方の意見しか出てこないのは異常です。

日本全体というのは、大手のマスコミの多くが、戦後思想をそのまま引き継ぎ、それがあたかも正しいかのように日本を叩き、その度合いを益々顕著にしているということです。

直近の例で言えば、安倍晋三元総理の国葬に対するマスコミ報道です。安倍元総理に対する評価はいろいろあるはずです。その両方を取り上げるならまだいいです。そうしたこともなく、一方的に国葬反対の情報を流し続け、当日にあっては一般献花で五時間も並んだ国民の様子は取り上げず、反対を叫ぶ集団のことばかりを取り上げていました。

現地の様子を知らない人は、まるで日本全体が国葬反対に満ち溢れているような錯覚に陥ったのではないでしょうか。世論調査で反対が増えてきたというのも、こうしたマスコミ報道が大きく影響しているとと言えます。暗殺された直後から国葬を願っていた私としては許しがたいことです。

なぜ、このようなことになってしまったのでしょうか。

昭和二十（一九四五）年八月十五日、日本は戦争に敗けGHQの占領下に置かれます。そこからGHQ（連合国最高司令官総司令部）は、日本解体を狙って徹底して「日本悪玉論」の占領政策を実行し始めました。

その占領政策の考えを戦後思想と呼び、それで行った教育が「戦後教育」です。

戦後教育は、それまで日本人が習ってきた歴史や、大切にしてきた伝統文化を否定し、日本人としての誇りを徹底して奪い去りました。

そこで生まれたのが、自分の国（歴史）をことさらに悪くいう自虐史観や、悪かったのは自分ですとただただ謝り続ける贖罪意識です。

本当に日本は、そんなに悪い国だったのでしょうか。

もしそうだとすると、第五章まで述べてきたことは全部嘘だということになります。

いや、全部嘘だと戦後の日本人は教えられてきたのです。

GHQには、どうしてもそれをやらなければならない理由がありました。それに触れる前に、日本が戦わなければならなかった、歴史の事実を知る必要があります。

それは、日本が大東亜戦争を戦い終わる一九四五年までは――二〇二二年から見れば七十七年前までの世界は――白人による植民地支配が当たり前に行われていたということです。その時代背景を知る必要があります。

奴隷と植民地支配はセットだった

現代の目から見れば、奴隷と植民地支配はセットだったなどというと信じられないかもしれません。

でも、事実なのです。次に、地球上に何があったかを見てください。

西暦	主な出来事
一四五二年	異教徒を奴隷にする許可
一四五五年	異教徒の物品の所有を認める
一四九二年	コロンブス新大陸発見
一四九四年	トルデシリャス条約
一五二一年	スペイン　アステカ帝国滅ぼす
一五三二年	スペイン　インカ帝国滅ぼす
	スペイン　アメリカ大陸植民地化
一六〇二年	オランダ　インドネシア植民地化
一七七六年	アメリカ独立
一七九六年	イギリス　スリランカ植民地化
一八一四年	イギリス　ネパール植民地化

一八二四年　イギリス　ビルマ植民地化
一八三七年　イギリス　ミャンマー植民地化
一八四〇年　アヘン戦争
一八五三年　ペリー浦賀に来航
一八五八年　イギリス　インド植民地化

これを見て、お分かりでしょうか。白人国家によってアジアの国々（有色人種）が次々と植民地化されたことがよく分かります。実際はアジアだけでなく、アフリカも植民地化されています。その土壌を作ったのは、ニコラウス五世です。一四五二年にはポルトガル人に「異教徒を永遠に奴隷にする許可」をし、一四五五年には異教徒の土地と物品を所有する権利をポルトガルに独占的に認めていることから分かります。

一九四二年、スペイン国王の支援を受けたコロンブスが大航海で新大陸を発見したことは良く知られた話ですが、現地の物品略奪に成功したことで、一四九四年、ヨーロッパ以外の新領土について、東側はポルトガル、西側はスペインに属するというトルデシリャス条約を、ローマ教皇アレクサンデル六世が承認しています。

古い時代とはいえ、まことに身勝手な話です。南米がスペイン語やポルトガル語を使っている理由は、こういう時代背景があったわけです。こうした帝国主義の時代は、力ある国が力の弱い国を植民地化するのが当たり前だったのです。

日本も明治維新後、この弱肉強食の世界に入っていったわけです。日本の独立を守るために明治政府は富国強兵策を掲げて、日本を白人の植民地にしてはならないと必死で取り組みました。

日清戦争、日露戦争は間違いなく日本を守るための戦いであり、大東亜戦争は日本の防衛にプラスして大東亜共栄圏建設の戦いでした。

そして最後、日本が戦争に敗けたことで、いわゆる日本の戦後が始まりました。この大まかな歴史はすでに第三章で述べています。

ＧＨＱの日本弱体化政策の基本方針はＷＧＩＰ

日本は、日清戦争、日露戦争で勝利し、中国、満州の権益を得ました。これを戦後は日本の侵略と決めつけていますが、その当時としては当たり前であった、戦争で権益を得たということです。

日本が広大な地である中国の経済権益を得たということが、列強は面白くない。なんとか手にしたい。そのためには日本が邪魔で仕方がない。ならば日本を追い出そうと動いたのです。

白人の思惑通りに日本を追い出すことができれば、白人支配は続き、めでたし、めでたしで終わる、と思ったはずです。

ところが日本はなかなかしぶとかった。

アメリカは、中国の国民党に軍事支援をし日本との戦いを応援しました。その時の日本は戦争不拡大、戦争をする氣はなかったのでその都度問題を処理し、戦争にならないようにしていたのです。

よく日中戦争と言いますが、日本は中国に宣戦布告をしていません。ですから日本側の正しい言い方は「シナ事変」です。日中戦争というと、いかにも日本が中国に戦争を仕掛けた印象が強く感じてしまいます。

そうした日本の事情など、アメリカにとってはどうでもいいことで、ともかく日本を中国から追い出したい。中国に軍事支援をしているだけでは埒《らち》が明かないとして、日本の生命線を断つべく「ハル・ノート」を日本に突き付けてきました。

その前にもアメリカは資源のない日本に対して屑鉄禁輸措置（一九四〇年十月）を行ったり、一九四一年八月には石油禁輸をしたりして、日本を苦しめていました。

それでも足りないとして、ハル・ノートを突き付けてきたわけです。

「日本軍の中国、仏印からの全面撤退」

「蔣介石政権以外の政権の承諾拒否（汪兆銘の国民政府は全否認）」

「日・独・伊の三国同盟からの離脱」等々、とても日本が受け入れられるものではありませんでした。

この時のアメリカの大統領は第三十二代のフランクリン・ルーズベルトで、戦争をしないことを公約して当選しています。しかし本人は第二次世界大戦に参戦する理由が欲しかった。日本を追いやって日本から戦争を仕掛けるように工作したのです。

それに日本が乗せられ、大東亜戦争の始まりとなる真珠湾攻撃を行ったわけです。『日米戦争を起こしたのは誰か　ルーズベルトの罪状・フーバー大統領回顧録を論ず』（勉誠出版）に詳しく書いてあります。

これでルーズベルトは、参戦する理由ができ、有名なリメンバー・パールハーバー（真珠湾を忘れるな）を掲げ、アメリカ国民を納得させ日本と堂々と戦争を始めたわけです。

ところが予想に反して、戦ってみたら日本はめちゃくちゃ強かった。しかも白人を植民地から追い出してしまった。このショックは白人にとって屈辱です。自分達が平気で行ってきた植民地化政策、愚民化、略奪、虐殺等の反省もせず、日本を恨みました。

日本さえいなければ、世界は白人のものになっていたのに……と。

それが戦後日本を統治した占領軍（ＧＨＱ・アメリカ）の敗戦国日本に対する姿勢になりました。

そこで考えたのが、

日本を二度と戦えないようにしよう。

一切の戦争責任を日本に押しつけよう。

そのためには、日本が悪かったという罪悪感を植えつけよう。

それに、もともとあった有色人種を蔑《さげす》んで見る白人の性分が相俟っていたと思います。ＧＨＱは、日本を弱体化する政策を次々に打ったのです。

昭和二十（一九四五）年九月二日、東京湾上のアメリカ戦艦ミズーリの甲板上で降伏文書に調印します。そこから昭和二十七（一九五二）年四月二十八日、講和条約が発効されるまでの約六年半、日本はＧＨＱの占領統治下にありました。

ＧＨＱはポツダム宣言の十三条にある「日本軍隊の無条件降伏の宣言を要求し」という「日本軍」を「日本」に置き換え、占領政策を行いました。軍という限られた組織ではなく「日本人全体」を対象にしたということです。

ＧＨＱの司令長官はアメリカのマッカーサー元帥。日本弱体化の基本方針がＷＧＩＰ（ウォー・ギルト・インフォメーション・プログラム）です。

ウォーは戦争、ギルトはネットで調べると罪悪感と書いてあります。インフォメーションは情報ですので、ＷＧＩＰは「日本人に戦争の罪悪感を植え付ける情報戦略」と訳せます。

罪悪感を植え付けるためなら、何でもやる。ウソでもでっち上げでもいい。一方的に言論を統制し、占領軍がいま何をやっているのか、それが日本人にわからないようにやったのです。

それを具体的に示したのが三十項目からなる「プレスコード」です。

報道の自由を規制する「プレスコード」の中の三十項目

プレスコードは、昭和二十（一九四五）年九月二十一日に発布されました。その中の報道遵則が、反日的なマスコミや政治家、知識人などに、今でも引き継がれていることが分かります。

1、連合国軍最高司令官もしくは総司令部に対する批判
2、極東国際軍事裁判批判
3、ＧＨＱが日本国憲法を起草したことに対する批判
4、マスコミや郵便物に関する検閲制度への言及
5、アメリカ合衆国に対する批判

6、ロシア（ソ連邦）への批判　7、英国への批判
8、朝鮮人への批判　9、中国への批判
10、その他の連合国への批判　11、連合国一般への批判
12、満州における日本人取り扱いについての批判
13、連合国の戦前の政策に対する批判
14、第三次世界大戦への言及　15、冷戦に関する言及
16、戦争擁護の宣伝　17、神国日本の宣伝　18、軍国主義の宣伝
19、ナショナリズムの宣伝　20、大東亜共栄圏の宣伝
21、その他の宣伝　22、戦争犯罪人の正当化および擁護
23、占領軍兵士と日本女性との交渉　24、闇市の状況
25、占領軍隊に対する批判　26、飢餓の誇張
27、暴力と不穏の行動の扇動　28、虚偽の報道
29、ＧＨＱまたは地方軍政部に対する不適切な言及
30、解禁されていない報道の公表

言論が制限された中で日本国民は何をされたのか

・大東亜戦争の呼び方を、太平洋戦争と強制的に変更。大東亜戦争の意味を消した。

真珠湾のあるハワイは太平洋です。「太平洋戦争」と聞くと、「真珠湾奇襲攻撃を忘れないぞ」ということになり、日本悪者論が成り立つ。

大東亜戦争と言えば、アジアを植民地にしていた白人国家のイギリスやフランス、オランダやアメリカなどと戦ったということで、日本の正当な評価が成り立つ。

・NHKのラジオで『これが真相だ』(後に『真相箱』)という、旧日本軍が如何に酷い事をしたかという虚偽の放送を流した。これは本当に酷い話。

・柔道、剣道などの武道を禁止した。強い日本になられては困る。

・国旗掲揚禁止。

・日本の歴史が如何に間違っていたか(事実でないのに、全部、日本が悪かったと教える)という歪んだ教育を、教育現場で強制した。それが今も続いている。日教組教育。日教組は、国旗は戦争の旗と言って、国旗を忌避する生徒を育てた。

・教育勅語を廃止した。

教育勅語と聞いて、何も考えずに反対する人はおそらく中味を知らないと思う。読めばその良さに氣づくはず。ただ良識派と思う人も反対の立場をとる人がいる。

それは「一旦緩急アレハ義勇公ニ奉シ」という部分。「もし国に一大事が起こったら国を守りましょう」という部分があるが、これが戦争につながるということで反対する。まさにGHQに都合よく操られているということになる。

・約二十万人の公職追放。GHQが進める日本弱体化政策に副《そ》わない者を強制的に排除し、従う者を配置した。反日的な人間が国家にとって重要な部門で主導権を握っていった。これが現在も続いている。

・連合国にとって不利益となる可能性の有る書籍を強制的に没収、焼却処分した＝「焚書坑儒」。その種類は七七六九。

・大東亜戦争中は日本政府の政策に協力的だった朝日新聞は、昭和二十年九月にGHQから発行を停止させられた。それ以後、GHQの命令に従って日本を貶める反日報道をするようになった。反日自虐的報道方針は今も続く。

・国民に、「君たちは国に騙された」と教え込み、国を憎むように仕向けた。

・日本は戦争好きな国と仕立て上げ、国より個人が大事という思想を吹き込んだ。愛国心を持つなどは、とんでもないと教え込んだ。（後で述べる「個の思想」を徹底した）

極東国際軍事裁判（東京裁判）とは

裁判は、正しいか正しくないかで判決が下されるわけではありません。

1、現在の法律に基づいて裁く（これとて解釈によって判断がわかれますが）。

2、その法律に対して、原告、被告のどちらが説得できる説明ができたか。

3、そして、裁判官の意向が影響する。

では、極東国際軍事裁判（以後、東京裁判と記す）は、どうだったのでしょうか。

1、現在の法律で裁くという裁判の大原則に大きく違反して、「平和に対する罪」並びに「人道に対する罪」などという「事後法」を作って裁いた。

2、「戦勝国が敗戦国を統治する際には、その国の法律に従わなければならない。戦勝国が敗戦国を裁いてはならない」という戦時国際法「ハーグ陸戦法規第43条」に違反して裁いた。

3、GHQの司令長官であったマッカーサーの意向を最優先して裁いた。

要は、裁判としては成り立たないのに、日本人に（日本が悪かったという）贖罪意識を植え付けるために、裁判という形をとって裁いたわけです。東京裁判は、そういう強い意図があったのです。また、A級戦犯という呼び方がありますが、もともと裁判として成り立たないのに（世界の平和を日本が戦争をして壊したという）「平和に対する罪」をつくりあげて裁いたのがA級戦犯です。自分達が武力でアジアの国々を植民地にしてきたことを棚に上げてです。おかしいですね。日本の統治は、白人の愚民化政策と違い、その国が発展するための政策を実施しました。この日本の功績を消すためにも侵略戦争をしたと裁判で決めつけたのです。

現在、A級戦犯と聞くとアルファベットの最初のAがついているので「最高の悪者」と受け取る日本国民がいると思います。それは違います。あくまで占領軍が付けた罪ということです。戦犯は現在「法務死」として日本の国会で決議され靖国神社にもお祀りされています。ですから公式には戦犯者は存在しません。

A級戦犯を仕立て上げた占領軍の意図は、昭和天皇のお誕生日に二十八人を起訴し、現在の上皇陛下（当時の皇太子殿下）のお誕生日に七人（※）を絞首刑したことからも分かります。

ちなみにAは「平和に対する罪」、Bは「通常の戦争犯罪」、Cは「人道に対する罪」です。歴史から言えば、いずれも白人国家がその罪を受けるべきです。それを日本に押しつけたのが東京裁判ということです。酷い話です。

（※）絞首刑の7人

東條英機（元首相・陸軍大将）　土肥原賢二（元陸軍大将）

広田弘毅（元首相）　板垣征四郎（元陸軍大将）

木村兵太郎（元陸軍大将）　松井石根（元陸軍大将）

武藤章（元陸軍中将）

ＧＨＱ製の日本国憲法と教育基本法

国家を否定しては平和主義もなくなってしまう

現在の日本国憲法は日本人が制定し、憲法九条があるから日本の平和は守られてきたと金科玉条《きんかぎょくじょう》として信じている人達がいます。前述の「プレスコード」に「ＧＨＱが日本国憲法を起草したことに対する批判」があるように、ＧＨＱに押しつけられたのが現憲法です。

その日本国憲法と同時に発効されたのが教育基本法です。ＧＨＱが意図する、国家否定や共同体否定を日本人に植え付ける（洗脳する）ために、「個」の思想を徹底して教え込むために制定したのです。

個の意識が全てとなって、国防意識はなくなり、自分だけよければいいという身勝手な利己主義や、国民主権と言いながら国家を考えない歪んだ主権者を生んでいるのです。

国家の存在は非常に重要です。国家が崩壊すれば、現憲法の「平和主義」「基本的人権の尊重」「国民主権」は消滅してしまうからです。国家が存在してこそ、「平和」も「基本的人権」も「国民主権」もあるのです。

ちょっと考えれば分かることを、反日の人は考えようとしない。本当に困ったものです。

第一次安倍政権の平成十八（二〇〇六）年、教育基本法は改正されました。学校現場では、まだまだ前の基本法のままでやっているのが現実と聞いています。

憲法前文に「……平和を愛する諸国民の公正と信義に信頼して、我らの安全と生存を保持しようと決意した」という言葉があります。国の守りを他の国に任せるというのです。これでは国防意識を喪失して当然です。

しかし現在の中国の侵略性を考えたら、とても他国任せで日本の安全と生存が保たれるなど考えられません。国家を否定する人ほど、国家がなければ自分達の命も守れなくなることを真剣に考えるべきです。

憲法に自衛隊の明記がないのは、憲法制定時にＧＨＱが日本に軍隊を持たせなかったからです。

しかし朝鮮戦争の勃発により、日本にも軍事力を持たせる必要性がでてきた。それで自衛隊の前身である保安隊ができ警察予備隊から自衛隊になって現在に至るわけですが、これは現実の世界では軍隊が必要であるということです。自衛隊は、独立国家なら軍隊として認めるのが当然です。

個の思想は人を不幸にする

本来の教育基本法は、子供達を立派な国民に育てるための法律であるべきです。

しかしGHQの目的は日本弱体化ですから、子供達に立派な日本人として育ってもらっては困るわけです。そこで日本人の精神を打ち砕くべく「個の思想」を教育現場で徹底させたのが教育基本法なのです。

個として見れば、先生も生徒も同じ人間、教壇が高くなっているのはおかしい、運動会で等賞をつけるのは差別だなど、間違った平等主義を生み、我が儘、身勝手な子供達を育て、学校や家庭での秩序は乱れ、国を崩壊させる力になっています。

男女平等の考えも、全てが同じでなければならないという個の思想からきています。

モノには上下あり、裏表あり、左右あり、それらが調和して一つの形ができあがります。その調和を崩すのが、まさにGHQの狙いだったということです。

「今だけ、金だけ、自分だけ」というのは、まさに個の思想そのものです。

真実の歴史を知れば「日本国悪者論」は消滅する

いままでのことをまとめてみると、次のようになります。

・世界は、全てにおいて、自国の利益優先で動いている。

・利益を得るためなら力任せで奪いとるのが、世界の常識であった。
・日本人は、日本を守るために必死で戦ってきた。
・戦わなければ、日本の存在は現在あるかどうか、わからない。
・日本軍は強かった。
・白人国家は、経済の豊かさを常に求め植民地をつくり軍事力で好き勝手にやってきた。
・韓国併合、台湾統治は列強がやっていたような強奪、愚民化政策とは違い、その国が発展するように教育やインフラ整備などの政策を実施した。
・例えば学校を造って教育をすることは、白人の植民地ではあり得なかった。
・日本人は日露戦争で、有色人種として世界で初めて白人と戦って勝った唯一の民族である。
・日本は大東亜戦争で敗れたが、その後アジア、アフリカの国々は次々に独立を果たした。
・日本は、世界史上、誇っていい素晴らしい歴史を持っている。
・戦争は「戦争」という言葉だけを捉えて「良い」とか「悪い」とかは言えない。
・決して日本は、侵略戦争はしていない（そもそもその言葉の定義は定かでない）
・白人の植民地だった国々は、独立を果たして喜びの声をあげた。
・一方的な見方で歴史を捉えては全体が見えない。
・誤った情報に騙されてはいけない。

結論から言えば、戦後に作られた「日本悪者論」はウソだということです。

それなのに、ＧＨＱが日本から去った後も、戦後思想に凝り固まっているマスコミ、政治家、経済人、官僚、学者、弁護士、教師、評論家等がいて日本壊しをしているのです。

だからこそ私は、国を支える国民として、日本人の一人一人に日本人としての誇りを持って欲しいと願っているのです。

日本を責めるのは歴史の真実に関係なく外交カード

例えば日本の総理大臣が靖国神社に参拝することに対し、中国、韓国、北朝鮮は反対しています。それに見習って日本のマスコミは、同じように反対する。ということは、そうした国と考えを同じくしていることの証明です。

反対の理由として「戦争を美化する」とか「A級戦犯が祀られている」とかを挙げますが、この理由は中国、韓国、北朝鮮にとってはどうでもいいのです。

歴史的事実から言えば、この理由は歴史の真実とは全く違います。それなのになぜそれを理由に挙げているのでしょうか。それは、戦後教育によって日本国自身が「日本はアジアに戦争を仕掛けた悪い国」と思っているので、その負い目に対して、中国、韓国、北朝鮮は自分の国を優位に導くために、方便として活用できるからです。

すなわち外交カードとして使っているのです。

日本が「それは歴史的事実とは違う」。「靖国神社に参拝することは護国の英霊に感謝を捧げることで、批判には当たらない」ときっぱりと拒否する。そして総理大臣が靖国神社に参拝しない限り、中国、韓国、北朝鮮の主張は終わりません。

日中友好という言葉にも、日本は騙されています。日本人は人が良いので「友好」と言われれば、中国と仲良くできると思うかもしれませんが、実際は違います。中国が言う「友好」は中国の主張に従えということです。

日中友好は、全て中国側が優位に立つ外交カードとして使っているのです。

全くでっち上げの南京大虐殺をあたかも事実のように言い張るのも、中国人の反日感情を強め、日本に圧力をかける外交カードとして利用しているのです。

日本は侵略戦争をしたという村山談話、慰安婦の強制連行があったという河野談話もまた、外交カードに使われています。


日本が独立国家として主権を行使できるようになるには、GHQに押し付けられた戦後思想から脱却しなければなりません。

その先頭に立って具体的に行動してきたのが、安倍晋三元総理です。戦後レジームからの脱却、憲法改正を政策に掲げた日本にとって大切な政治家でした。

それも分からず、ただただ安倍批判をするのは、日本を壊す日本解体以外の何物でもありません。

日本人が、日本のマスコミが、評論家等々が、自分の国である日本を潰して何の得があるのでしょうか。この種の人達は、昔から中国、北朝鮮を批判しません。日本を中国や北朝鮮のような国にしたいのでしょうか。

と考えると、日本を取り戻すことに全力をかけてきた安倍元総理の存在は邪魔になります。逆に言えば、日本を守るという視点に立てば、安倍元総理の主張、提言は正論ということになります。

なんとしてでも、こうした日本潰しをはねのけなければなりません。

外交カードなどに振り回されないように、氣概を持たなければなりません。

国民の願いとしては、それを行動に示してくれる政治の指導者の出現を願います。同時に、国民もそういう政治家を選び、支援しなければなりません。

そのためにも、真実の歴史を学び日本人としての誇りをより高めていきましょう。

世界の手本となる日本人の生き方

政治は国家の運命を握っています。それを任されているのは、国民の投票で選ばれた政治家です。政治が悪いと言っても、その政治を行う政治家を選んだのは国民ですから、その結果は国家だけでなく全国民にも影響します。

政権与党の自民党も、本氣で日本を守る覚悟があるのか疑ってしまうほど、志をなくしています。野党も、日本の将来を全く考えていないと言っても過言ではない、重箱の隅をほじくるようなことばかりを取り上げています。

お先真っ暗な、日本の政治状況です。

もちろん、高い志をもって日々努力している政治家もいるでしょう。しかし、それが一つの声となって世に出てきません。

国民の声も同じく、マスコミは日本壊しの声は取り上げても、まともな保守の考えは取り上げません。そう考えると、もう望みがないのかと落ち込んだりします。

ただ、まだまだ日本が存在できているということは、それを支えてきた皇室の御存在、日本の伝統文化、歴史、そしてそのＤＮＡを引き継いでいる日本人がいるからです。

国民に大きな影響を与え続けているマスコミが、いかに左翼的であろうがそれに騙されず日本人の心をもった日本人はまだまだ多くいるのです。

大事なのは批判ではなく、どうすれば日本が良くなるかの提言です。

政治がダメであるなら国民が声を上げていくしかありません。自分の国は自分で守る、というのは世界の常識です。日本を守るためには日本人がその氣持ちにならなければなりません。

戦後の騙された歴史ではなく、日本の歴史の真実を学ぶことです。知れば、日本が好きになります。日本に対して誇りが生まれます。こんなに素晴らしい国を潰してなるものかと思うはずです。

国を大切にする心は、国民意識であり、共同体意識であり、国民同士の絆とも言えます。

その基になる日本人の生き方が、和の心であり、武士道、おもてなし、もったいない精神であり、傍を楽にする勤労観、真面目、勤勉、正直、感謝、自然との一体感、忠孝の精神、天を敬う、ご先祖に感謝、父母に感謝等々です。

こうした生き方は、間違いなく世界を平和にする手本になります。

そうなるためには、私達日本人自身がまず「立派な日本人」になることです。

そして忘れてはならないことは、国を守るためには国家として強い防衛力を備えなければならないことです。世界は話し合いで物事が解決するような、甘いものではありません。力あるものが弱きものをくじくのが現実です。

そうした現実の中で日本はどう生き残っていくのか、日に日にそれが問われていると強く感じています。

と考えれば、日本弱体化を図った現在の日本国憲法は、意味がありません。なぜなら、自分の国を自分で守らないと宣言しているからです。

自分が守らずして、誰が助けてくれるでしょうか。

国を守ることを考えれば、憲法改正は自然の流れです。そして自衛隊を軍隊にするのです。

今では自衛隊の活躍は、国民生活と切っても切れない関係になっています。有り難い存在です。本来任務は国防です。国民一人一人が防衛活動に参加せよと言われても、すぐには行動できません。それを国家の意思でやるのが自衛隊です。

世界に倣って自衛隊を軍隊にし、日本を真の独立国にしなければなりません。

軍隊を持つと戦争するから反対という意見がありますが、それは全く逆です。弱い者、弱い国、弱い軍隊が強いものから攻撃を受けるのです。強い相手であれば、攻撃したくても、しづらくなります。それが抑止力です。

その常識を、日本人は持たなければなりません。

現実論としては、憲法改正、自衛隊を軍隊にする。

その覚悟が、政治家だけでなく、国民にも求められているということです。

不動心
捷兵

第七章　人の生き方の考察

谷口博昭

捷兵塾の心得

「立派な日本人に成る為の七常の心得」

一.「仁」思いやり・相手の立場や氣持ちになって考えるべし
二.「義」人間としての正しい道・その為には犠牲もいとわぬべし
三.「礼」謙虚な心。でしゃばらず、鼻にかけず、人を見下さず
四.「智」深い読みのできる知恵と判断力を持つべし
五.「信」自分にウソを付かず、誠意を持って約束を守るべし
六.「勇」自分を捨てる決断力・挑戦力を持つべし
七.「寛」寛大で寛容の心・人をとがめない心を持つべし

捷兵塾　塾長　坂爪捷兵

捷兵塾の心得として、私は「立派な日本人に成る為」に、七常の心得を挙げました。この七つを読んで氣づかれたかもしれませんが、どこにも日本人という言葉がありません。それをあえて「立派な日本人」としたのは、私の思いがあるからです。

七常というのは、私が創った言葉で、日本人が立派な人間になるための心得としてよく学んでいる儒教の五常に二つ足して七つにしたものです。

儒教（孔子が始祖と言われています）の五常が、仁、義、礼、智、信で、その徳性を伸ばしていくことで、五倫すなわち、父子の親、君臣の義、夫婦の別、長幼の序、朋友の信、の良い関係を築けることを教えています。

まさに立派な人間になるための教えです。

しかし人が安全で幸せに生きていくためには、「まえがき」に書いたように「国家の安全があってこそ、国民の安全」があるのです。いくら立派な人間になったとしても、立派な日本人としての国民意識がなければ、国を守る覚悟と行動はなかなか出てくるものではありません。

それで私は人の行動を促す「勇」と「寛」を五常に付け加えたわけです。国を守るには勇の「自分を捨てる決断力・挑戦力」と、独りよがりではなく国を守るという公《おおやけ》に役立つ寛大の心がどうしても必要だからです。

新渡戸稲造の武士道は第四章に触れましたが、これぞ「立派な日本人になるための教え」と言えます。それをそのまま捷兵塾の心得としては使えませんので、私流の考えとして七常の心得としてまとめた次第です。

私には、人の生き方をどう表現しようとも、心のうちに常に「日本人」としての思いがあるのです。日本人であるなら、「立派な人間」ということは「立派な日本人」であるべきだと考えているからです。

〝自分で解決できないピンチは訪れない〟

捷兵塾の心得として「立派な日本人に成る為」の言葉を挙げました。今の人なら「立派な人間になる」とした方が受け入れ易いのではと思います。

それをあえて「立派な日本人に成る為」としたのは、私に「立派な日本人」として生きたいという思いがあるからです。

「立派な人間になる」にしろ「立派な日本人に成る」にしても、「立派」になるためには努力をしなければなりません。

「知行合一」という言葉があります。新しい知識を知ったとしても実践しなければ知らないと同じである。知ることと行うことは、一致してこそ意味があるということです。すなわち「立派」になるためには、実践すること。実践してこそ学んだことが生きてくるのです。

ということは、誰もが頭では分かっているはずです。

と言って、実践となるとなかなかできないのが現実です。

人生というのは、良い時もあれば悪い時もあります。

悪い時こそ「立派な日本人に成る為の七常」を実践しなければならないと思うのです。ただ、頭で分かりながらもなかなか行動に移せない。

そんな時、どうするか。その選択が、自分の人生を決めていくことになります。

厳しいことを言いますが、人生は困難な時こそチャンスなのです。なぜなら、多くの人が実践しないわけですから、実践した人は困難を乗り越え、人間として成長するからです。

困難にぶつかっても、諦めないこと。今こそチャンス、と思えるかどうかです。

人生をダメにするのは、自分の心が折れた時です。折れさえしなければ、いつかは芽が出ます。光が射してきます。

これは私の体験ですので自信を持って言っています。

繰り返します。悪い時には「これが良くなるチャンスだ」と思ってください（最初はそう思えなくても、思い続けてください。すると現実が変わっていきます）。

良いときには決して驕《おご》らないことです。謙虚に人様のアドバイスを聞くようにしましょう。

振り返ると私の人生は、まさに山あり谷ありでした。いろんなピンチもありました。

バブルの崩壊で、経営している会社が倒産しかけたこともあります。

本当に四苦八苦の中、必死でもがき続け、なんとかピンチを乗り越えることができました。

実体験から学んだことは――これは良く言われることですが――〝自分で解決できないピンチは訪れない〟ということです。

その氣概を決して忘れてはいけない。

その究極は、人は必ず死を迎えることです。

この世に生を受けなければ、死も訪れません。

誕生という喜びには、死という苦しみが伴うものです。

誰しも、苦しくて　悲しくて死んだ方がマシだと思った時もあったはずです。

そんな時こそ歯を食いしばって　踏ん張ってピンチを乗り越えることが〝自分で解決できないピンチは訪れない〟ということではないでしょうか。

「生きていて良かった！　ピンチがあったからこそ今がある。

ピンチはチャンスだ」

と思える時が必ずきます……逃げない人には。

だから最後の最後まで絶対に諦めない。

もがいて、もがいて、もがき続ける。

そうすれば　必ず打開策が見えてきます。

八方塞がりなど絶対にない。

自分を信じる心が、道を拓くのです。

感謝の心

「ピンチはチャンスだ」と思うことは、ピンチを受け入れることです。

お釈迦様は、この世の苦しみ・悲しみの根元は、「思いどおりにならないこと」と悟りました。自分の思いどおりにならないことに対して、それを受け入れずに逆らってなんとかしようとするからこそ、人は悩み・苦しむのです。

人の苦しみや悲しみは、外から与えられるものではありません。苦しい・悲しいと思う心、つまり、人の内（心）から苦しみや悲しみが発生しているのです。だから、お釈迦様は、こうおっしゃっています。

「すべて、受け入れなさい」と。

この「受け入れる」ことが大事です。自分の思いどおりに世の中を変えようとしないで、その現実を受け入れるのです。

と言って、苦しい現実を受け入れることは、生身の人間としてはかなり難しいものです。でも受け入れることで氣持ちが楽になることは確かです。

そうなるために、誰でもが実践できる最高の方法があります。

それは「ありがとう」と感謝することです。

頑張る生き方ではなく、楽に生きる生き方です。

水を飲めることに「ありがとう」　息ができることに「ありがとう」

食事できることに「ありがとう」　仕事があることに「ありがとう」

家族がいることに「ありがとう」　友達がいることに「ありがとう」

話ができることに「ありがとう」　歩けることに　「ありがとう」

病気でないことに「ありがとう」　生きていることに「ありがとう」

全てに感謝！　一杯！　一杯！　一杯！　感謝
いま、目の前に起きている最高の幸せ。

いつもと変わらない穏やかな日々。

淡々として何も特別なことがなく、普通に家族がいて、普通に仕事があって、普通に食事ができて、ただ普通に生きている。

それがとてつもなく幸せなことなのです。

幸せは、今ここにあることを思い切って味わってみましょう。

泥田の中で咲く蓮の花

地球で最も美しいのは、蓮の花と言われています。

多くの人は、その花しか見ませんが、その下（根）を見ると、ヘドロの泥田の中の根から伸びて美しい花を咲かしているのです。

人間も同じように、艱難辛苦《かんなんしんく》、醜いヘドロの泥田の中で揉まれて、育ってこそ美しい心、慈悲のある心が生まれてくるものです。

仏様が蓮の花に鎮座されているのも、この由縁です。

今がたとえ苦しみの中にあっても、将来に絶望してはなりません。

真っ暗な闇であっても、わずかな光があれば一瞬に闇は消えてしまいます。

今、生きていることに感謝しましょう。

支えてくれる人がいることに感謝しましょう。

困った時の神頼みではなく、ごく普通の日常の生活に感謝しましょう。

希望を持って生きましょう！

……

父母には深い恩がある『仏説父母恩重経』

「子供が親を殺害する」「孫が祖父母を殺害した」とのニュースを聞くと、誠に悲しく情けないことだと落胆してしまいます。

家庭環境、学校環境、社会環境、友人関係、それぞれ生まれた環境が違おうとも、人の命の尊さには変わりはありません。


私は若い人達の結婚式の披露宴の祝辞代わりに、必ず差し上げるものがあります。『仏説父母恩重経』と云う経典です。「結婚式に経典」と出席者一同、一様に驚きます。

このことは、奈良にある薬師寺再生に生涯を捧げられて有名な故高田好胤先生から教えていただきました。

結婚式での先生のお祝いの言葉は「仏説父母恩重経を今夜、床に入る前に二人で読んでくださいい、これが私の祝辞です」と言って終わりです。

この短い祝辞に私は感動し真似をしているのです。

では、どんなことが書いてあるのだろうか。少し紹介します。

「是くの如く我聞けり。ある時、仏、王舎城の耆闍崛《ぎしゃくつ》山中に、菩薩・声聞《しょうもん》の衆とともにましましき。比丘・比丘尼・優婆塞・優婆夷・一切諸天の人民・および竜鬼神等、法を聞き奉らんとて、来たり集まり、一心に宝座を囲んで、瞬きもせず、尊顔を仰ぎみ奉りき」

と続くのですが紙面の都合上その後の原文は省略し、今風に判りやすく直して紹介します。

父母には深い恩があります。

何故ならあなたが生まれたのは父母がいたからであり、父がいなければあなたは生まれませんでした。母がいなければあなたは育ちませんでした。

あなたは父から氣をうけて母の中で形づくられました。だからあなたは父母に恩があるのです。あなたが生まれるとき、母の体にはげしい風が吹き、節々が痛みあぶら汗が流れその苦しみは耐え難く、体はひとときも休まることはありませんでした。あなたのうぶ声を聞くと母はようやく安心して体を休めました。

父母の恩は宇宙のように広く無限です。生まれてのちあなたは母のふところで眠り母の膝を遊び場とします。あなたは母の乳を食べ物とし母の情けを命として育ちます。乳飲み子のあなたを残しての仕事の帰り道、あなたの泣く声が聞こえてくると母は驚き心配し胸が痛んで乳が流れ出ます。

あなたはゆりかごの中から頭をもちあげて母を探します。母を見つけたあなたはうそ泣きしながら腹ばい出ます。母は足を速め、身をかがめるとあなたを抱いて乳を吸わせます。母はあなたを見て喜び、あなたは母を見て喜びます。

一才になってあなたが歩くようになると、父はあなたが火傷をしないかと心配し、母はあなたが刃物で怪我をしないかと心配します。

二才になってあなたがなんでも食べるようになると、父はあなたが毒を口にしやしないかと心配します。母はあなたが病氣になれば必死になって薬を探し求めます。

父母は宴席に呼ばれて美味しいものを出されても自分では食べようとせず、あなたのために持ち帰ります。

たまに父母が持ち帰らないとあなたは泣き叫んで父母を責め立てます。やがてあなたは成長し友達ができると、父はあなたに服を買い与え母はあなたに着物を縫い与え自分たちは着古したものを喜んで着ます。

そのあなたは成人して結婚するととたんに父母をないがしろにしだします。あなたは部屋にこもって妻と二人だけで語り楽しみます。父母が年老いると頼れるのはただあなただけ、頼みはただ嫁だけなのに、あなたは父母のことを少しも面倒を見ようとはしません。

連れに先立たれた一人暮らしの父か母がたまにあなたに会いたいとあなたを呼び寄せれば、あなたは目をいからせて怒りののしります。嫁や孫までまねをしてののしります。

床に臥している父や母に向かってなんで呼び寄せたのだと枕元に立ったまま怒声を吐きます。老いぼれて生きているより早く死ね！

ああおまえを生まなければ良かった。いまおまえがあるのは、いったい誰のおかげというのか。父母にこのように嘆かせるあなたは地獄に落ちるがいい。あなたは餓鬼畜生。
父母の恩は宇宙の広がりに似て無限です。
あなたを十ヶ月の間腹の中で育ててくれた恩、
あなたを生むときの苦しみに耐えてくれた恩、
あなたを丈夫に生んでくれた恩、
あなたにお乳を飲ませてくれた恩、
あなたのおしめを替えてくれた恩、
きれいな布団に寝かせてくれた恩、
あなたにだけおいしいものを与えてくれた恩、
あなたのためなら悪事をもいとわない親の恩、
あなたが遠くにあっても氣遣ってくれる恩、
年老いても生ある限りあなたを心配しつづける恩、
あなたはこのように父母に十の恩があるのです。
『仏説父母恩重経』より

特に親子間の恩という字は、原因の因の下に心と書く。原因を心にとどめるという。恩とは、何がなされ、今日の状態の原因は何であるかを心に深く考えることなのです。

もっと簡単に言えば、してもらったことを思い出すことです。

お蔭さまの心です。

近頃では、権利だけを主張し、義務を忘れるという身勝手な風潮が蔓延するようになってきています。物が豊かになり、福祉が充実してきた今日の繁栄の裏には、その享受を〝当然と考える〟人が少なくない。

当然だと思う氣持ちには、感謝の念は湧きません。そして、恩を忘れると権利ばかり主張するようになります。権利、義務には他への厳しい要請がありますが、恩は自覚するものです。

人間は、一人で生きていくことはできません。たくさんの人に支えられているから、生きていけるのです。世間は、恩という陰の力が働いているのです。その力によって私たちは、生かされているのです。

感謝の心を忘れてはなりませんね。

「笑いの体操」

感謝の心を忘れない方法があります。

とにかく、大きな声を出して笑うのです。

「えっ、それは無理」と最初は思うかもしれませんが、やるとできます。

人の生き方を変える方法として、形から入るやり方と、心から入るやり方があります。多くの場合、心の状態が整っていないので、できないというのですが、心と体は連動しており、体の方を動かすともう片方の心も動きだすものです。
遠慮することはありません。
とても笑えるような状態でなくても、思い切って笑ってみてください。
笑うのです。
外見を氣にせず、ともかく大きな声でワッハッハッ――と笑うのです。
次のようにやります。私が先導します。

皆さん、ありがとうございます。私の後に続きて大きな声で言ってください。
我が魂の底の底なる神よ
無限の力、湧き出でよ！
無限の智慧よ、湧き出でよ！
これから毎日、あらゆる点で
どんどん良くなる！
ますます良くなる！
必ず良くなる！
ありがたいなあ
嬉しいなあ
嬉しい、楽しいなあ
ワッハッハッハッ……（繰り返す）

「今日一日、宜しくお願いします！」

嬉しい氣持ちになれば、自然と感謝の思いが出てきます。

ありがとうございます。

「一笑一若　一怒一老」

短いが含蓄のある言葉です。

「一笑一若」。「笑」はショウと読むように商につながると言われています。笑いのあるところには人が集まり、商売が繁盛する。いつも笑いを絶やさないことが肝要です。

「一怒一老」。笑いも重要ですが怒りを抑えるのもなかなか難しい。私など直情型なので、すぐに怒りが爆発してしまいます。

だから怒りをコントロールできる人を心から尊敬する。こういう言葉がある。

「怒りに対して、怒りで応えない者は、自分と相手の双方を救うことになる」

なんと凄い言葉でしょう。人間生きていれば、どうしても腹に据えかねることがあるものです。しかしぐっとこらえて怒りで応じない。

しかし、そう簡単にできることではありません。

堪忍という言葉もあります。

苛められても合掌、殴られても合掌、常に合掌、堪えて忍んで、一切を自分の腹に収めて消化する。

しかし自分の本心を失わず。

まさに石を投げられても、また投げられても常に合掌して相手を拝む、常不軽菩薩《じょうふきょうぼさつ》のようです。

この生き方は、高き地位のリーダーにこそ求められるものです。

「我いまだ達成せず」の感、強し！

謙虚に、謙虚に。「一笑一若　一怒一老」。

薬師如来の真言をもじって「オンコロコロ、ハラタテマイズソワカ」　合掌

人生全般に関わる「氣」を考える

笑いの次は「氣」についてです。本書では「気」ではなく「氣」を使っています。それには意味があります。

日本では、もともと氣を使っていたのですが、戦後、日本がGHQ（連合国最高司令官総司令部）に統治された際、漢字の見直しが行われ「氣」は「気」に簡素化され、常用漢字になってしまいました（氣だけでなく、多くの漢字が簡素化されました）。

日本には、言霊《ことだま》という言葉があります。言葉には魂や氣持ちが宿っているという考え方です。氣はエネルギーを意味します。漢字が簡素化されたことで、漢字の意味合いも違ってきます。「気」は、気と〆からできています。米が〆（シメ）に変わったわけです。シメですからエネルギーを閉じ込める意味になってしまいます。せっかくのエネルギーが出ないということになります。「氣」は、気と米です。米は末広がりで八方に広がることを意味しています。エネルギーが放出されることを意味します。

氣は、目には見えませんが人が生きていくうえでその存在を否定する人はいないはずです。あらゆる場面で氣が使われているからです。

大きくとらえれば、宇宙に遍満し、生命の原動力になっているとも言えます。氣が自分の生き方を左右すると言うことができます。

昔「一瞬で幸せになる方法」の本を読んだことがあります。常識的に考えれば「そんなことはあり得ない」と思うのが普通だと思います。

その本には概略次のようなことが書かれていました。

「幸せかどうかを決めるのは、他の誰でもありません。決めるのは自分自身です。苦しい時、どん底にいる時、自分の気持ちが悪い方悪い方と向いていきます。何で自分はこうなんだと思ってしまい、益々自分を苦しめてしまいます。

苦しいでしょうが、見方を変えてみてください。「まだ生きているじゃないか」と。もっと苦しんでいる人も世の中にはいるものです。

見方を変えるのです。生きていれば何とかなるものです。いや生きようと思えば人はなんとかするものです。そのように、気持ちを切り替えるのです。

成功者の多くは、苦しい状態から立ち上がって『あのどん底があったからこそ今がある』と言っています。

気持ちを切り替えることで、幸せになれるのです」

氣の持ちように、人生が変わっていくということです。

ということで、「氣」がどのように使われているかの例を挙げてみます。

「元氣」「病氣」「活氣」「やる氣」氣配り」「氣が利く」「氣を静める」「氣が滅入る」「氣が狂う」「氣が散る」「氣が多い」「氣が短い」「氣がいい」「氣さく」「氣前がよい」のように表現し、ある事をしようとする心の動きは「どうする氣だ」「氣が知れない」「氣をそそる」「氣にいる」「氣がある」「氣をいれる」「氣が尽きた」「氣を揉む」「氣に病む」「氣にかかる」「氣を回す」「気安い」「氣が置ける」

「氣まずい」「氣を悪くする」「雰囲氣」「霊氣」「氣が詰まる」「氣の抜けた」「氣が合う」「氣難しく」「氣軽」「氣儘」「氣まぐれ」「氣が落ち着かず」「氣が重い」「氣が乗らない」「氣になる」「気遣わしく」「氣が氣ではなく」「氣が休まらない」「氣苦労」「氣がかり」「氣を張って」「氣分」「氣を紛らわす」「氣落ちする」。

というように、人生全般に氣が関わっていることが分かります。

あれこれと余計なことに「氣を回し」、結果が出なければ、又「氣合いを入れ」て繰り返すのが人間の常です。

一週間に一度ぐらいは「氣楽」な心持ちで「氣を許し」「氣を緩め」無防備な状態になることも、「正氣」を保ち八正道（仏教の教え）＝正しい考え方を求める為には必要です。

些細なことは「氣にせず」に「氣を大きく」持って「元氣一杯」「陽氣」に「和氣あいあい」として、自らの「士氣」で「運氣」を高め、愉快な人生を送ろうではありませんか！

五出の健康法

五つの出す健康法。空海・弘法大師が発案されたものを私なりに解釈してみました。

「出す」ことが、健康にいかに良いかが分かります。

これは、経営にも役立つ考えではないかと思っています。

一・息を出す

息という字は自分の心と書きます。息の乱れは心の乱れ、心が乱れると息が乱れます。息を出すというのは、息を先に出すこと。出すが先といわれると損をするように思うかもしれないが、日常の生活では、出るが先になっています。

例えば赤ん坊、生まれて最初に「おぎゃあ」という息を吐き出し呼吸が始まります。普段使われている言葉で、例えば「出発進行」、外に出してから、発し、行う（行く）という。間違っても「入発進行」とは言いません。何氣ない言葉だけれど、そのように使っている。不思議ですね。

「出入口」、「出入国」、すべて出るが先にきています。

深呼吸も、深く出す呼（呼氣＝吐く息）が先で、後に吸うが続きます。

普通の人の肺活量は、成人の男子は四〇〇〇から四五〇〇ミリリットル、女性は三五〇〇から四〇〇〇ミリリットル、寝ているときには五〇〇ミリリットルくらいで生きています。残りの三〇〇〇とか三五〇〇はそのまま体内に留まっているのです。

一般には長生きと書きますが、正しくは長い息と書きます。息を吐いて吸う間隔をできる限りゆっくりすることにより長生きができます。

だから目が覚めたら体内の汚い息をすべて「ハー」といって吐き出す。まず肺の空氣を空にすることです。そうすれば自然に新しい空氣が入ってきます。とにかく息を出すことです。それが健康第一の方法です。

二、声を出す

人間、声が出なくなったら終わりです。死ぬ間際の人は、声を出そうと思っても出ません。リーダーの条件の一つは、声が大きいが挙げられます。声の小さい人には、誰もついてきません。元氣が漲っている掛け声は、みんなを元氣にします。

声は単に音だけではありません。その人のエネルギーも一緒に伝えることになります。多くの会社では朝礼を実施しています。わが社でやっていた朝礼では「一志氣貫《いちしきかん》」と大きく声を出します。大きな声を出して一斉に唱和することで士氣が高まります。

一日の活動の始まりは、朝目が覚めたらまず元氣よく「ハイ」と声を出すことです。

人間は朝になると目が覚めることが当たり前のように思っているかもしれません。何故目覚めるのでしょうか。

私は、実は我々人間は、何か偉大な力によって目覚めさせてもらっているのだと信じているのです。宇宙の力、神の力、仏の力、大自然の力……。

目には見えないが、すごいエネルギーの影響で一日が始まるのです。ですから、その不可思議な力に感謝して「ハイ」と返事をするのです。

それが朝一番の「ハイ」です。

声を出すことで氣力が充満し、ますます健康が促進されます。

三．不浄なものを出す

不浄とは小便、大便のこと。いつまでも体に溜めておいては体に悪い。

我々は食物を口から摂るが口には歯がはえていて、摂り入れた食べ物を噛み砕くという大事な役割を果たしています。

歯という字は、口の中に米を入れて止めると書きます。口の中に入れた食物を止めるくらいの感覚でゆっくりと噛みなさいということを意味しています。

それが消化されて小便、大便になって体外へ排出されるわけです。糞《くそ》という字は、米が異なると書きます。米が異なった形になるということは、米がその役割を果たし終えたので一刻も早く体外へ排出しなさいということを意味しているわけです。

快食、快便は健康の元であるという意味が、よくわかります。

四．汗を出す

一日に最低一回は汗をかきましょう。

汗をかくことで新陳代謝がよくなります。一番望ましいのは、運動をして汗を流すことです。体内の毒素が、汗と一緒に体外に流れ出て健康維持につながります。

多くの人が、ジョギング、散歩に励むのはその効果を期待しているからです。運動だからと、いきなりハードにしなくても自分にあった運動量と方法で始めればいいのです。

成人の場合、最低十五分以上運動するのが理想的だといわれていますが、それは十五分を超えるあたりから、脂肪が燃え、汗が出てくるからです。

本来人間にとって、体を動かすことは快感であり、適度に体を動かし、汗をかくことは若さを保つ秘訣でもあるのです。

歳をとると自然と老臭といわれる不快な臭いを発するようになります。死ぬ間際に強烈なる老人独特の臭いです。健常であれば、出るはずのない臭いです。それを出さないためにも汗をかきましょう。

五．精を出す

精を出すとは、何かに集中する、一生懸命に励むことです。精という文字には元氣という意味もあります。

私は前述したように、意識的に「気」を「氣」と書くように心がけています。

氣を気にして〆ては何にもならないのです。〆ではなく米と書いて、はじめて氣という文字に意味が出てきます。

米という字は、宇宙にエネルギーを放射状に発散している様子を表します。精という字には、この米という字が入っています。すなわち精とは、エネルギーを発散することを意味します。

人は何かに打ち込んでいる時、目標に燃えている時は健康です。だから我々は、仕事に遊びに一所懸命に打ち込み精を出すことが健康に繋がるのです。

適材適所リーダーの責務

法隆寺の建物は、建造して約一三〇〇年。一方、日光東照宮は約四〇〇年です。法隆寺の方が圧倒的に古いので、当然それに伴い改修工事も多いはずですが、しかし改修は日光東照宮の方が遥かに多いというのはご存じでしょうか。

法隆寺は節だらけの木を使っていますが、日光東照宮に用いている木には節がありません。ですから、何回も改修工事が必要なのです。同じ木なのに、何が違うのでしょうか。

木は、一度芽を出したら天変地異が起こらない限りそのままに育ちます。南なら南、北なら北を向いたまま育っていくからです。それを伐採して使う場合、木の向きに沿って使うのが原則なのです。丸太のままでも製材して四角にしても、同じ北向きで育った面は北に向けて、南向きで育った面は南に向けて家を建てる。そうすることで家は、長持ちする。

大工は、木の年輪を見て、東西南北を判断して柱を立てる。

それを適材適所と言います。

使い方を間違えば、その木の能力を充分に活かすことはできないのです。大抵の人は、節だらけの木を嫌います。日光東照宮のように、節のないまっすぐな木を使いたがります。節というものには生きている節と、死んでいる節があります。

死んだ節は、途中で枝下ろした木です。それを死節といって、節穴が空き長持ちしません。節が死んでいなければ、穴は空かないので長持ちします。

節が一杯あるということは枝が多いということを表し、それだけ根が張り台風にも耐える丈夫な木に育っているのです。幹もしっかり育ちます。そういう木が基本的に長持ちするのです。

伐採してから樹齢の二十五倍持つと言われています。樹齢が一〇〇年なら二五〇〇年も持つことになります。

これを銘木といいます。

節のない木は、一見まっすぐで格好がいいので、これを良木と言います。見た目は良いのですが、長持ちしないのです。


日光東照宮が何回も改修工事をしなければならないのは、良木を材にしているからです。

人間も同じです。

平穏無事な人生を生きてきた人間と、波瀾万丈な人生を生きてきた人間では当然異なります。数え切れない失敗の度に、先輩の指導・叱咤激励に学び励まされ強くたくましい人間が育っていくのです。

困難や試練は、人間を成長させる。

困難な時こそ逃げずに立ち向かう。

適材適所につけてその人物を活かす。

それがリーダーの責務です。

厳しい環境だからこそ強く育つ「さくらマス」

「信は力なり、自ら信じ毅然として戦うもの、常により勝者たり」と昔の戦陣訓にある通り、信念は成功にとって不可欠なものです。

「信念」がないと、弱氣になり、言い訳がましくなるものです。さらに、人を信じなくなり、人を疑い、皮肉屋になり、人の言動に振り回されてしまいます。これでは、何事もうまく行くはずがありません。

自分を信じることにより「進取不屈」の精神が備わるものです。困難が続いたり、不安感が生まれたり、弱氣が襲ってきたり、元氣がなくなったりした時、これに耐え抜く力を与えてくれるのです。

孫子は「戦いに勝つかは、それを信じるかどうかに係わっている。従って、先ず勝つ体制をつくり、その上で勝つのだという信念を持つ。それだけのことが整えば、誰が何と言おうと、まっしぐらに進むのだ」と述べています。

「戦いの道、必ず勝たば、戦うなかれと言うも、必ず戦いて可なり」

しかし、信念と頑固とは明らかに違います。頑固というのは、自分よりすぐれた意見であろうとも、これを受け入れず、いつまでも意地を張り通す人のことです。こういう人は、知性の欠陥か、感情の不安定であると、いわざるを得ません。

清流魚のヤマメは、上流で孵化して川を下り、途中の小さな湖で成長します。やがて場所取り争いで仲間同士が喧嘩して、負けた魚はさらに下がって海に出ていく。

海に出たヤマメは、波乱に満ちた海を何年も回遊し、あらゆる戦いに勝ち、以前のヤマメとは似ても似つかない姿になって、生まれた川に戻って来る。

その勇者が「サクラマス」です。

ヤマメもサクラマスも同じ両親から生まれた魚なのに、サクラマスだけが、大きく成長して、逞しくなって故郷に戻ってくるのです。

大事なのは、自分を違う環境に置くことです。そうすると、自ずと少しずつ変化してくるものです。いつも仲良しグループと飲んでいたのでは、何も変わりようが無いのです。

個人においても、仕事においても違う環境に身を置くことこそ、人間を大きくする道である。いずれにせよ、常に「志（信念）」を失ってはならないのです。

『菜根譚』にこんな名文があります。

「行き去られざる処は、すべからく、一歩を退く法を知るべし」

歩き始めた頃は、天氣もよく、道の行きかたも分かっていた。しかし、突然悪天候となり、行き先がはっきりとしなくなった時には、兎に角、一歩退くことを知らなくてはならないのである、という意味です。

リーダーは、このことをしっかりと頭の隅に置いて、行動しなければなりません。

親方様は見ておられるぞ

上手に部下をやる氣にさせるには、どうしたらよいか！

とても参考になる話があります。

今まさに戦いの真っ只中、山之内一豊に豊臣秀吉から早馬の知らせが届きます。

「本陣にすぐ参れ！」

何事かと山之内一豊は、豊臣秀吉の下に駆けつけました。

秀吉は「山之内、よくぞ戦えり、黄金一貫を遣わす！」

秀吉は、山之内一豊率いる軍勢の戦いぶりを見て、その場で黄金の報奨を与えたのです。

急ぎ一豊は、また戦場へと走り、皆に伝えた。

「皆のもの、今親方様から黄金をもらった。

親方様は、お山の上から見ておられるぞ。

奮え、奮え、親方様は見ておられるぞ」

一氣に集団の士氣があがった。

黄金の報酬は部下にとって大きな励みになるが、それ以上に、親方が自分の働きを見守ってくれるということがなによりも嬉しいのです。

ここで大切なのは、リーダーは部下の働きをきちんと見ているか！　正しく評価しているか！　ということです。

部下のモチベーションを上げる最良の方法ついて、リーダーはもっともっと知恵を絞り研究する必要があります。リーダーたる者、常に器量が問われることを心したいものです。

――真偽の程は定かではありませんが、人心掌握に長けた秀吉ならさもあらん――と唸らせる見事な逸話ですね。

命を投げ出して戦う部下の勇み立つ姿が目に浮かびます。

リーダーは時には退くという決断も必要

「勝つことを知り、負けることを知る。
そして退くことを知っているのが男というものだ」

清水次郎長の言葉です。

この言葉は、真の勇氣とは何かということを私に教えくれました。

経営者には（組織の長たる立場にある人は）、進退極まる時があるものです。

誰にも相談できない。

前に進むにしても、退くにしても自らの決断が将来に大きく影響するからです。特に退く場合、世間の風当たりが強くなるものです。

その時、どうするか。

状況は、常に動いています。

決断が遅くなればなるほど、焦りも出てきます。

できる限り、私情を排除して冷静に状況を判断し、進退を決める。

リーダーたる者、時には明日の勝利の為には、退くという勇氣ある決断も必要です。

重要なことは、そこから再スタートも可能であるということです。

最後まで諦めなかった者には、必ずチャンスがやってくることを、多くの先人が実証してくれています。

偉人を学ぶと、そのことを教えてくれます。

「いつになったら」

優秀な力を持ちながら、一歩前に進めない。

前に進める人と、進めない人は、何が違うのでしょうか。

こういう人には、良き指導者、良き先輩、良き仲間がいると成長します。

人財育成は、育てる方が一番の修行のようです。

お前はそれでも男か！

お前はそれでも父親か！

お前はそれでも社長か！

お前はろくでなしだ！

いつになったらやるんだ！

そのうち、そのうちと言って何年たったんだ！

何年も、何年も、年齢を積み重ねてきて一体何が残ったんだ！

いつもお前は自分のことをさて置いて、他人のことばかり氣にかけて！　批判して、文句を言って、
不平を言ってきた！　ただそれだけの人生じゃないか！

いつになったら真剣に生き始めるんだ！

明日やる、其の内やるといって、やった奴は一人もいない！

いつになったら始めるんだ！

いつになったら始めるんだい！

お前の人生なんだぞ！

お前の人生なんだぞ！

たった一度の人生なんだぞ！

さ〜スタートだ！


昨日のことを悔やんでもしかたがありません。

今日どうなると心配しない方がよい結果につながるものです。

明日は失敗のない新しい日にすると希望を持つほうが、絶対善いに決まっています。

時間は、一瞬たりともやすまず動いています。

人の心も常に動いています。

いい方向へと心が動いたならば、そこには幸福が待っています。

そう、素晴らしいことはもう始まっているのです。

「少《わか》くして学べば壮にして為す有り」

「少にして学べば壮にして為すこと有り。壮にして学べば老いて衰えず。老いて学べば死して朽ちず」

これは、佐藤一齋著『言志四録』にある言葉です。それを安岡先生が『百朝集』に、以下のように説明しています。


若い者の怠けて勉強せぬ者を見るほど不快なものはない。ろくな者にならぬことは言ふまでもないが、まあまあ餘程のろくでなしでなければ、それ相応に勉強する志くらゐはあるものである。

壮年になると、もう學ぼうともせぬものが随分多い。生活に逐われて忙殺されてをる間に、段々志まで失ってしまふのである。さうすると案外老衰が早く來る。所謂若朽《じゃっきゅう》である。肉體だけ頑健でも、精神が呆《ぼ》けてしまふ。

反對に能く學ぶ人はますます妙である。

但し學も心性の學を肝腎とする。雑學ではだめである。
古詩にいふ通り、「小壯、努力せずば、老大、徒《いたずら》に傷悲せん」こと間違ひない。でなければ呆《ぼ》けたのである。之に反して老益々學道に精進する姿ほど尊いものはない。

分かり易く言えば、次のようになります。
少年時代に学べば、壮年になって為すことがある。
壮年時代に学べば、老年になっても氣力が衰えない。
老年時代に学べば、死んでもその名を残す。
生涯現役、年齢に関係なく常に学びを怠らず。
日本人として誇りを持って生きていきましょう。

あとがき ― 日本を好きになりましょう ―

お蔭様で私は、日本を愛する先輩諸氏との出会いがあり、また日本の歴史の真実を知ることができる書物との出会いがあり、日本人として誇りを持てるようになりました。

もしこうした出会いがなければ、戦中生まれの私ですが戦後教育によって日本は悪い国と思って過ごしてきたかもしれません。

人生は出会いで決まるといいます。私は良いことも悪いことも様々な体験をしてきましたが、まさにその通りだと断言できます。

学ぶということは、もちろん自分を成長させるために大切なことですが、知ってくると人に伝えたいという思いも出てきて本書をまとめました。

第四章で紹介した吉田松陰は、「士規七則」の中に「然《しか》りと雖《いえど》も知る所有りて、言はざること能《あた》はざるは、人の至情なり」、すなわち「知ったことを話さずにはおられないというのは、人の心の奥底にあるものである」と書いています。

この言葉は我が意を得たりです。この世に誕生した者として、自分が学んだことを次の世代に引き継いでいく大切な行為であると私は受け止め、心に安心を得ました。

本書のテーマは『好きです　日本』です。私が学んできた中から日本の国柄や日本人が大切にしてきたものを主に取り上げました。

それは、私なりの意味があったからです。昭和二十（一九四五）年八月、日本は戦争に敗れほとんどの都市が焼け野原になったのに、わずか十九年後の昭和三十九（一九六四）年には東京オリンピックを開催するという世界が驚く経済成長を果たしました。

それで何が起きたかというと、日本の成長にやきもちもあったでしょう。また日本の対応も悪かったこともあるでしょう。日本叩きが始まったのです。もちろん、素晴らしく発展した日本を見習おうという動きもありました。

ところが日本叩きが始まると、ＧＨＱが日本弱体化政策でデッチ上げた「日本は侵略戦争をした悪い国」が外交カードとして使われ始めたのです。

それは第六章で述べたように、歴史の事実ではありません。嘘です。それなのに中国や韓国、北朝鮮は、時間の経過が経つほどに日本を貶《おとし》める強力な反日の武器として悪用し始めたのです。しかも、それが今も続いているのです。

何より悪いことは、日本政府がそれを認め、日本人の一部が、多くのマスコミが戦後に作られた歴史をあたかも真実のように発信続けていることです。

それで何が起きているかと言えば、嘘の歴史が真実のようになっていることです。騙《だま》されていることに氣づかないのです。この考えが、日本全体を覆っているわけですから、日本にとっては深刻な大問題です。

その中にいると、日本及び日本人を見直すという意識さえ生まれてきません。となれば「日本悪者論」は定着し、日本が潰れるまで謝罪外交を続けることになります。

そんなことに私は、とても我慢ができません。それで考えついたのが、まずは日本の真実の姿を知てもらおうということです。

素直に日本の歴史を学んでもらえば――日本人であるなら――きっと日本人としての誇りを持ってもらえるはずと思うからです。

最近はネット環境が整い、大手マスコミが流し続けてきた歴史観が間違いであることが知られるようになっています。テレビよりもスマホを視ている若者は、それを受け入れるようになっていることからも分かります。

人は何に出会うかで、考えも変わるのです。

まだまだというか、日本を悪く言う陣営も多く存在しますが、ともかく日本が歩んできた歴史の真実、世界に貢献してきた日本の真実の姿を知って欲しいのです。

そして日本を好きになって欲しいのです。

日本の歴史を知るというのは、自分のことを知ると同じです。我々一人一人は連綿として命が引き継がれて今があるからです。端的に言えば、日本国の国民として生きているのです。

日本を好きになる人が一人でも多くなれば、その分、日本もよくなると私は信じます。だからこそ、日本を好きになって欲しいのです。次の世代の子や孫のためにも……。

最後になりました。参考にした主な資料をお礼の氣持ちもこめて末尾に記載させていただきました。

また固い内容の本書を、イラストで和らげてくれた谷口博昭氏にもお礼を申し上げます。

尚、出版にあたっては高木書房の代表斎藤信二さんに特別なご配慮をいただき、この場をお借りして感謝申し上げます。

合掌　坂爪捷兵

主要参考文献

『水道の文化』鯖田豊之　新潮選書　『水道の文化史』堀越正雄　鹿島出版会　『江戸上水の技術と経理』榮森康治郎・神吉和夫・肥留間博　クオリ　東京都水道歴史館より　『大江戸ボランティア事情』（石川英輔・田中優子著、講談社）『「奇跡」の日本史』（歴史の謎研究会編、青春出版社）『日本絶賛語録』（村岡正明著、小学館）『エルベ号艦長幕末記』（ラインホルト・ヴェルナー著、新人物往来社）『ニコライの見た幕末日本』（ニコライ著、講談社学術文庫）『シュリーマン旅行記　清国・日本』（ハインリッヒ・シュリーマン著、講談社学術文庫）『蒼氓の92年　ブラジル移民の記録』（内山勝男著、東京新聞出版局）『日本語の教室』（大野晋　岩波新書）『国語施策百年史』（文化庁、ぎょうせい）『本居宣長全集』（筑摩書房）『折口信夫全集』（中央公論社）『保田興重郎全集（講談社）『日本人の品格』（渡部昇一　ベスト新書）『神道の逆襲』（菅野覚明　講談社現代新書）『日本人としてこれだけは知っておきたいこと』（中西輝政　ＰＨＰ新書）『「やまとごころ」とは何か』（田中英道　ミネルヴァ書房）『天皇—霊性の時代』（竹本忠雄　海竜社）『天皇皇后両陛下祈りの二重唱』（同前）『　皇后宮美智子さま祈りの御歌』（同前）『ノストラダムスコード』（同前）『アンドレ・マルロー日本への証言』（竹本忠雄　美術公論社）『われ、日本をかく語れり』（竹本忠雄　倫理研究所）『大和心の鏡像』（竹本忠雄　勉誠出版）『日本待望論』（オリヴイエ・ジェルマントマ　産経新聞社）『月の裏側—日本文化への視角』（クロード・レヴィ

=ストロース　中央公論新社）『レヴィ=ストロース講義』（レヴィ=ストロース平凡社）『日本美の再発見』（ブルーノタウト　岩波新書）『神国日本』（佐藤弘雄　ちくま新書）『神国論の系譜』（鍛代敏夫　法蔵館）『日本人の原点がわかる「国体」の授業』（竹田恒泰　PHP）『神やぶれたまはず』（長谷川三千子　中央公論新社）『日本の個性』（八木秀次　育鵬社）『ル・武士道』（竹本忠雄　扶桑社）『ペリリュー・沖縄戦記』（ユージン・B・スレッジ　講談社学術文庫）『沖縄シュガーローフの戦い』（ジェームス・H・ハラス光人社NF文庫）『硫黄島—勝利なき死闘』（ビル・D・ロス　読売新聞社）『「武士道」解題』（李登輝　小学館）『日本精神』（モラエス　講談社学術文庫）『国家の品格』（藤原正彦　新潮新書）『和歌に見る日本の心』（小堀桂一郎　明成社）『類纂新輯明治天皇御集』（明治神宮）『報徳要典』（内外書房）『報徳記』（富田高慶　岩波文庫）『黒住宗忠』（原敬吾　吉川弘文館）『哲人宗忠』（延原大川　明徳出版社）『日の丸・君が代』（日本政策研究センター）『柴田是定』（別冊太陽　平凡社）『一神教の闇—アニミズムの復権』（安田喜憲　ちくま新書）『それでも日本だけが繁栄する』（黄文雄　光文社）『魔女とキリスト教』（上山安敏　講談社学術文庫）『国民の芸術』（田中英道　産経新聞社）『日本美術全史』（田中英道　講談社学術文庫）『歴代家元譜—華・歌・仏』（池坊中央研究所編　日本華道社）『風姿花伝』（世阿弥　岩波文庫）『雅楽』（東儀秀樹　集英社新書）『源氏物語ものがたり』（島内景二　新潮新書）『空海コレクション1・2』（宮坂宥勝　ちくま学芸文庫）『法然上人法語集』（藤吉慈海　山喜房仏書林）『良寛全歌集』（春秋社）『翁問答』（中江藤樹　岩波文庫）『詩経』（白川静　中公新書）『文字講話Ⅰ～Ⅳ』『続文字講話』（白川静　中公文庫）『儒教と

は何か』（加地伸行　中公新書）『孝経全訳注』（加地伸行　講談社学術文庫）『オレンジ計画』（エドワード・ミラー　新潮社）『英国人記者が見た連合国戦勝史観の虚妄』（ヘンリー・S・ストークス　祥伝社新書）『教育勅語の真実』（伊藤哲夫　致知出版社）『文明の衝突』（サミュエル・ハンチントン　集英社）『明日の選択』（岡田　幹彦）（薬師寺管長高田　好胤　講話）「葵・花・向・日」・「日本の世界一」ほか。

著者　坂爪 捷兵（さかづめ　しょうへい）

昭和 17 年、長野県生まれ。東芝・日本鋼管・立川鉄工のサラリーマン生活を経て、昭和 51 年に株式会社コーケン（本社・横浜）を設立。バブルの影響によって経営不振に陥り、起死回生をかけて社長業の傍ら平成 3 年 5 月より金子良正氏に師事し仏門に入る。平成 4 年 5 月に京都嵯峨・真言宗大覚寺にて剃髪し得度する。平成 5 年 4 月より大覚寺で百日加行に入り、平成 6 年 12 月に伝法灌頂を受領、続いて平成 7 年 2 月に阿闍梨となる。空海から 45 代目の弟子にあたり憎名は良捷（りょうしょう）。現在は日本に誇りを取り戻す運動に邁進中。

イラスト　谷口 博昭（たにぐち　ひろあき）

1956 年　北海道遠軽町生まれ。
現在　有限会社一生舎タニグチ設計　社長。

好きです 日本 —世界に誇れる国—

令和5（2023）年1月21日　第1刷発行
令和5（2023）年2月17日　第2刷発行

著　者　坂爪 捷兵

イラスト　谷口 博昭

発行者　斎藤 信二

発行所　株式会社 高木書房

〒116-0013
東京都荒川区西日暮里5-14-4-901
電　話　03-5615-2062
ＦＡＸ　03-5615-2064
メール　syoboutakagi@dolphin.ocn.ne.jp

装　丁　株式会社インタープレイ
印刷・製本　株式会社ワコープラネット

　ISBN978-4-88471-832-9　C0031